SISTEMA EMPRESARIAL PROSPECTIVO

PROSPECTIVA DE GESTION ESTRATEGICA

APLICACIÓN GERENCIAL

ALIX AURORA FUENTES MEDINA
Licenciada en Educación con especialidad en Matemáticas.
UIS, 1.979
Magister en Administración de Empresas. Universidad de la Salle, 1.985
Especialista en Sistemas. Área Diseño de Sistemas de Auditoria. Universidad. NACIONAL, U.P.T.C., 1.994
Diplomada en Agricultura Orgánica y Sostenible. Instituto Juan de Castellanos, 2001
Diplomada en Procesos de Construcción del Conocimiento desde Modelos de Educación a Distancia. UNAD., 2004
Especialista en Pedagogía. UNAD., 2004
Interactive College of Technology, English as a Second Language 2019
Catholic Charities Atlanta. Integrated English Literacy and Civics classes, 2022

Colombia, 2022.

Copyright © 2011 por Alix Aurora Fuentes Medina

Todos los derechos reservados. Esta publicación o cualquier parte del mismo no puede ser reproducida o utilizada en cualquier forma sin el permiso expreso y por escrito del editor excepto en el uso de breves citas en una reseña de un libro o una revista académica.

Edición: 2018.

www.ac-colombia.com

CONTENIDO

ILUSTRACIONES 5

INTRODUCCION 7

Capítulo 1: SISTEMA EMPRESARIAL 11

Sección 1. GENERALIDADES SISTEMA EMPRESARIAL 13
    GENERALIDADES 13
    SISTEMA 14
    SISTEMAS ABIERTOS 14
    DEFINICION DE EMPRESA 15

Sección 2. SISTEMA EMPRESARIAL PROSPECTIVO 17
    SISTEMA EMPRESARIAL PROSPECTIVO 17
    ORGANIZACION DEL SISTEMA EMPRESARIAL 18

Capítulo 2: GESTION EMPRESARIAL 23

Sección 1. GESTION ESTRATEGICA 25
    GENERALIDADES 25
    GESTION ESTRATEGICA 25
    LENGUAJE CON ENFOQUE PROSPECTIVO 26
    PLANIFICACION ESTRATEGICA Y OPERATIVA 26
    GESTION ESTRATEGICA Y NORTE DE LA EMPRESA 27

Sección 2. PLAN ESTRATEGICO 29
    DEFINICION DE PLAN ESTRATÉGICO 29
    METODOLOGIA PARA ELABORAR UN PLAN ESTRATÉGICO CON VISIÓN PROSPECTIVA 29

Sección 3. PROCESO PROSPECTIVO Y HERRAMIENTAS DE GESTION 37
    PROCESO ADMINISTRATIVO PROSPECTIVO 37
    HERRAMIENTAS DE GESTION PROSPECTIVA PARA EL POSICIONAMIENTO ESTRATEGICO DEL SISTEMA EMPRESA: 39
        SEGMENTACION ESTRATEGICA O CAMPOS DE ACTIVIDAD ESTRATEGICA. 39
        CICLO DE VIDA DEL PRODUCTO 40
        ARBOL DE COMPETENCIAS 42
        ARBOLES TECNOLÓGICOS 43
        ARBOLES DE PERTINENCIA 44
    EL DIAGNOSTICO PROSPECTIVO EN EL POSICIONAMIENTO ESTRATEGICO DEL SISTEMA EMPRESA. 46
        EL METODO DEL BCG "BOSTON CONSULTING GROUP" 47
        LA MATRIZ BCG "BOSTON CONSULTING GROUP" 47
        LA MATRIZ G.E. "GENERAL ELECTRIC" 50
        MATRIZ "ARTHUR D. LITTLE": MATRIZ ADL. 51

Capítulo 3: CONTROLES Y AUDITORIA AL SISTEMA EMPRESARIAL.........55

Sección 1. CONTROL INTERNO Y AUDITORIA..57
    GENERALIDADES..57
    SISTEMA DE CONTROL INTERNO..58
    AUDITORIA DEL SISTEMA EMPRESARIAL 59
    CLASIFICACION DE LA AUDITORIA..60
    AUDITORIA OPERACIONAL 60
    AUDITORIA DE GESTION..60
        AUDITORIA INFORMATICA 61

Sección 2. PARAMETROS DE MEDICION DE LA AUDITORIA OPERACIONAL..63
    METODOLOGÍA DE LA AUDITORIA OPERACIONAL.....................................65
    PREGUNTAS DE RECAPITULACION DEL SISTEMA EMPRESARIAL PROSPECTIVO 66

Anexo: SISTEMA EMPRESARIAL PROSPECTIVO..67

BIBLIOGRAFIA..87

ILUSTRACIONES

                                                                                              Página

- GRAFICA Nº. 1. UNIDAD BASICA DEL SISTEMA EMPRESARIAL PROSPECTIVO……………………………………………………….. 19

- GRAFICA Nº. 2. BOSQUEJO DE GESTION ESTRATEGICA EN UNA VISION SISTEMICA DE EMPRESA……………………………...…………21

- GRAFICA Nº. 3. BOSQUEJO DE UN PLAN ESTRATEGICO FUNCIONAL…………………………………………………………..…..34

- GRAFICA Nº. 4. LINEAMIENTOS GERENCIALES PARA UN PLAN DE GESTION ESTRATÉGICA…………………………………………..35

- GRAFICA Nº. 5. CARACTERISTICAS DE LOS ESTADIOS EN EL CICLO DE VIDA DEL PRODUCTO EN EL TIEMPO……………..…40

- GRAFICA Nº. 6. CARACTERISTICAS DE LOS ESTADIOS EN EL CICLO DE VIDA DEL PRODUCTO EN EL TIEMPO VERSUS UTILIDADES……………………………………………...…..41

- GRAFICA Nº. 7. ARBOL DE PERTINENCIA APLICADO A OPCIONES ESTRATEGICAS…………………………………………...…45

- GRAFICA Nº. 8. REPRESENTACION MATRICIAL DEL PORTAFOLIO DE ACTIVIDADES: METODO BCG…………………….47

- GRAFICA Nº. 9. MATRIZ BCG CON EL PORTAFOLIO DE ACTIVIDADES Y REGLAS ESTRATEGICAS……………………………………………48

- GRAFICA Nº. 10. MATRIZ DE LOS NUEVOS SISTEMAS COMPETITIVOS DEL BCG…………………………………………………………………49

- GRAFICA Nº. 11. MATRIZ G.E "GENERAL ELECTRIC"……………...51

- GRAFICA Nº. 12. CLASIFICACION DE LAS POSICIONES COMPETITIVAS ESTRATEGICAS……………………………………52

- GRAFICA Nº. 13. ORIENTACIONES I+D DE MADUREZ DEL SECTOR………………………………………………………………...53

- GRAFICA Nº. 14. RAZONES DE EFICIENCIA Y PRODUCTIVIDAD

EN AUDITORIA OPERACIONAL..63

- **ANEXO. SISTEMA EMPRESARIAL PROSPECTIVO...............................67**

INTRODUCCION

El sistema empresarial en el contexto de la prospectiva de gestión estratégica se fundamenta en un enfoque sistémico de la empresa desde la perspectiva gerencial, orientado desde la praxis y la academia al fortalecimiento humanístico empresarial como eje esencial en el desarrollo empresarial, procurando en un proceso metodológico pertinente, coherente, transparente, lógico y formativo, la práctica empresarial desde el punto de vista directivo con el uso de herramientas simples en su aplicación, pero con gran poder en la eficacia y productividad, para diseñar desde el presente el futuro empresarial deseado.

Este libro de texto desarrolla la primera parte de la prospectiva de gestión estratégica empresarial con la concepción de la empresa como un sistema empresarial abierto, en donde la acción de la gestión estratégica conduce al diseño de un plan estratégico dinámico con apertura al cambio, propendiendo por el quehacer eficiente y eficaz de los subsistemas empresariales que se unifican como un todo en la estructuración de los planes de desarrollo empresarial, y se ejecutan con un proceso controlado y auditado en función del cumplimiento de las metas, objetivos y desde luego la misión y visión empresarial hacia el futuro en el mediano, corto y largo plazo.

La segunda parte involucra la visión gerencial de la prospectiva de gestión estratégica en el lenguaje y manejo conceptual de la teoría prospectiva, para desarrollar los sistemas prospectivos de información y comunicaciones, el sistema prospectivo financiero y el sistema prospectivo en la toma de decisiones gerenciales. Esta segunda parte está desarrollada en el libro de texto "VISION GERENCIAL, PROSPECTIVA DE GESTION Y ESTRATEGIA EMPRESARIAL".[1]

Esta aplicación gerencial del sistema empresarial se orienta con atención a los tres sectores de la economía; referidos el primero al sector primario de producción de bienes en el sistema agrícola, sistemas de extracción minera, relaciones entre la economía agrícola y la administración agrícola. El segundo al sector secundario de producción de bienes representado en sistemas de transformación a estructuras individuales y productos, con inclusión de la pequeña y mediana industria que va desde la producción hasta la distribución, para dar origen al comercio y servicios.

El tercero al sector terciario de la economía orientado a la producción de servicios en relación directa con la mercadotecnia, en donde se enfoca éste sistema como insumo - producto, asignando al producto el valor agregado de la productividad, servicio y cadenas de valor al proceso productivo.

---

[1] FUENTES, Alix. VISION GERENCIAL, PROSPECTIVA DE GESTION Y ESTRATEGIA EMPRESARIAL. Publicación: www.lulu.com, Febrero, 2012.

El objetivo de esta obra es definir e identificar a la empresa como un sistema prospectivo en el que se orienta la gestión empresarial al servicio de la estrategia, para realizar en primera instancia un diagnóstico empresarial con el uso de las herramientas de gestión hacia el posicionamiento estratégico en la visión de futuribles que involucra al proceso administrativo en la gestión prospectiva hacia el logro del futuro deseado; y en segunda estancia plantear los lineamientos básicos en la construcción de un plan estratégico prospectivo que permita el desarrollo creciente, sostenible, sustentable, con responsabilidad social y ambiental del sistema empresarial, en la prospectiva de gestión respaldada en la transparencia de las operaciones, verificación y validez de la información con el soporte efectivo del accionar del sistema de control interno y de la auditoría empresarial.

El mercado objetivo del presente libro de texto son todos los estudiantes de ciencias económicas, humanísticas y administrativas, sistemas directivos y gerenciales, y en general a todos y cada uno de los lectores que encuentren en la Administración, el valor agregado de administrar sus propias vidas desde el ámbito personal hasta el ejercicio profesional si lo requieren.

Finalmente se deja a consideración del lector, un bosquejo que sintetiza en el **ANEXO 1**, los principales lineamientos del **SISTEMA EMPRESARIAL PROSPECTIVO**, para que el lector pueda desarrollar estos tópicos en el ejercicio administrativo gerencial en la medida de sus necesidades hacia la toma de decisiones, con el propósito de gestionar la administración directiva con dominio en los procesos estratégicos, potenciando mejores resultados en la productividad, canales de comunicación, información y organización empresarial, en el contexto de la dinámica que ofrece el liderazgo, la iniciativa, la creatividad y la tendencia al logro en las operaciones y gestión prospectiva de los negocios.

SISTEMA EMPRESARIAL PROSPECTIVO

OBJETIVOS

1. Identificar a la empresa como un sistema empresarial abierto.

2. Definir las componentes del sistema empresa en términos de la gestión empresarial prospectiva.

3. Conceptualizar los recursos básicos de la empresa para la gestión empresarial en el modelo sistémico.

4. Orientar la gestión empresarial al servicio de la estrategia con pensamiento sistémico.

5. Conformar lineamientos básicos, para construir un plan estratégico prospectivo.

6. Involucrar el proceso administrativo en la gestión prospectiva hacia el logro del futuro deseado en los horizontes del corto, mediano y largo plazo.

7. Formular algunas herramientas de gestión para el posicionamiento estratégico en la visión prospectiva del sistema empresarial.

8. Definir al sistema de control interno y de auditoría como controles fundamentales en el desarrollo creciente, sostenible, sustentable, con responsabilidad social y ambiental del sistema empresarial.

Capítulo 1: SISTEMA EMPRESARIAL

CAPITULO 1.

SISTEMA EMPRESARIAL

Sección 1. GENERALIDADES SISTEMA EMPRESARIAL

GENERALIDADES

Para conceptualizar el sistema empresarial es necesario revisar la conceptualización básica de un sistema, en el contexto de sistemas abiertos con un enfoque de integración empresarial, en donde la organización estructura las actividades que la conforman hacia el futuro deseado en el pleno ejercicio de su libertad, poder y decisión.

La visión sistemática y prospectiva de la empresa propuesta en esta aplicación gerencial, se fundamenta en la prospectiva y la teoría general de sistemas en procura de utilizar su metodología de integración, para mantener un lenguaje común en la formulación científica de las ciencias, donde subyace la administración como común denominador con el uso y aplicación de recursos hacia propósitos definidos.

Esta connotación visionaria ubica a la gestión administrativa empresarial en la perspectiva multidisciplinaria de la conectividad, desde donde las ciencias confluyen para formular el nuevo orden mundial en las estructuras de poder con sistemas de información que conforman el tejido de la civilización digital y la inteligencia artificial, en la prospectiva de futuros deseables con la cooperación geoestratégica y geopolítica internacional.

Se observa en múltiples reflexiones a este respecto en la prospectiva y análisis de sistemas, que por encima de la robótica están los grupos humanos que se constituyen en actores determinantes, para lograr las metas fijadas en su capacidad creadora que fluye con sus deseos, sentimientos, sensaciones y temores para construir futuros probables y deseables.

Así mismo emergen otros actores en el discurrir humano, identificados éstos por las competencias, relaciones de fuerza y poder, para tomar decisiones claves hacia el futuro en el contexto del juego de actores, en donde las alianzas y conflictos de grupos humanos respecto a objetivos de liderazgo conducen al poder de negociación en la gobernabilidad con el ejercicio de la autoridad. En la concepción sistema empresarial se abordan exclusivamente los conceptos fundamentales que identifican a una empresa como un sistema, observando que las características sistémicas aplican en la empresa con objetivos, componentes, estructura, ciclo de vida, y comportamiento.

En estos sistemas son verificados los principios de sistemas abiertos en la autorregulación y capacidad de mantener su equilibrio, con varias posibilidades para lograr un nuevo objetivo, ambientes variados para alimentar el sistema empresa, potencial evolutivo en su desarrollo, en una estructuración que unifica sus partes y funciones que especifican los objetivos, niveles de diferenciación y de integración que posibilitan su desarrollo funcional, con el diseño de los medios, para alcanzar el futuro deseable, planeado prospectivamente mediante la gestión estratégica.

SISTEMA

Un sistema es un conjunto de componentes que interactúan entre sí, para alcanzar unos objetivos previamente determinados. En un sistema se identifican principalmente cinco elementos constituidos por el entorno, las entradas, las salidas, la transformación y la retroalimentación. Estos en cada caso se refieren:

- **ENTORNO**: medio ambiente o sistema de referencia en donde se define el sistema.

- **ENTRADAS**: son variables que entran al sistema, provenientes del entorno o del feedback.

- **TRANSFORMADOR**: proceso que codifica las entradas aceptadas en términos de su composición organizativa, para operar en el cumplimiento de los propósitos y fines de la Empresa.

- **SALIDAS**: son variables o resultados de la operación empresarial que salen del sistema.

- **RETROALIMENTACION O FEEDBACK:** es una actividad propia de los sistemas abiertos, para resistir a las tendencias entrópicas, actuando como control con la retroalimentación negativa o positiva. En el caso de la retroalimentación negativa actúa como proceso correctivo a las variables de salida importando del entorno lo necesario para restaurarse. En el caso de la retroalimentación positiva actúa para conducirlo con éxito hacia las metas preestablecidas.

En general los sistemas se clasifican en Abstractos o físicos, Determinísticos o probabilísticos, Cerrados o abiertos. Los sistemas abiertos, permiten concebir la empresa como un sistema que interactúa con su entorno.

SISTEMAS ABIERTOS

Los sistemas abiertos se retroalimentan del medio ambiente o entorno. SENN, James A., precisa lo siguiente: "Los sistemas que interactúan con su medio ambiente (reciben entradas y producen salidas) se denominan sistemas abiertos. En contraste, aquellos que no interactúan con su medio ambiente se conocen como sistemas cerrados"[2].

PRINCIPIOS DE LOS SISTEMAS ABIERTOS

---

[2] SENN, James A., *ANALISIS Y DISEÑO DE SISTEMAS DE INFORMACION. Segunda Edición. Editorial Mc GRAW-HILL, 1992. PAGINA 21.*

HOMEOSTASIS: es la tendencia natural de los sistemas a adaptarse a las condiciones internas o de su entorno, tratando de buscar su equilibrio; por lo tanto este principio tiende a mantener el equilibrio del sistema.

ENTROPIA: es el grado de desorden que posee un sistema. Este patrón de medida aplica en la segunda ley de termodinámica en referencia a que los sistemas aislados tienden al desorden, por lo cual es propio en sistemas cerrados; pero en sistemas abiertos intercambia energía del entorno para resistir a las tendencias entrópicas.

EQUIFINALIDAD: es referido a varias formas o medios por los cuales se pueden lograr los mismos resultados.

ESTRUCTURA: son las partes del sistema que lo constituyen a través de los cuales se alcanzan los objetivos predeterminados.

FUNCION: objetivos del sistema.

DIFERENCIACION: grado de especialización y delegación de actividades en subsistemas.

INTEGRACION: coordinación entre las partes para mantener el sistema como un todo.

VARIEDAD: diversidad en el entorno con la fuente del principio del cambio.

DEFINICION DE EMPRESA

- En el enfoque de Michel Godet, una organización o empresa puede definirse como una entidad jurídica y económica de producción de bienes y servicios comerciales o no comerciales"[3].
- Según el Código de Comercio Colombiano en el artículo 25 definen la empresa: "Se entenderá por Empresa toda actividad económica organizada para la producción, transformación, circulación, administración o custodia de bienes, o para la prestación de servicios. Dicha actividad se realizará a través de uno o más establecimientos de comercio"[4].
- La empresa es un sistema abierto que en su viabilidad tiende a mantenerse en desarrollo con permanentes cambios en su ciclo de vida desde su nacimiento, pasando por el crecimiento, madurez y terminando con la vejez. En la madurez destaca la tendencia

---

[3] *GODET, Michel. De la anticipación a la acción. Manual de Prospectiva y estrategia. Editorial Alfa Omega 1999. PAGINA 216.*

[4] *NUEVO CODIGO DE COMERCIO. Editorial Unión Ltda. Bogotá, D.C. Colombia. 2006. PAGINA 31*

generalmente a no acabarse, prospectando en el horizonte del tiempo variados escenarios probables.

- Desde otro punto de vista, la empresa en el enfoque sistémico es un sistema abierto constituido por un conjunto de subsistemas con objetivos definidos, permitiendo a través de su estructura transformadores y relaciones entre los subsistemas, que determinan en unidad el comportamiento definido prospectivamente en la filosofía y metas de la organización[5].

En consecuencia, el sistema empresa se describe a través de sus objetivos, medio ambiente, sus elementos en corrientes de entrada, proceso de conversión, corrientes de salida e información de retroalimentación y su dirección. En este referente, la dirección *se refiere al subsistema que toma decisiones en los niveles Estratégico, Táctico y Operativo.*

Las características de la decisión en los niveles estratégico, táctico y operativo identifican los siguientes lineamientos:

CARACTERISTICAS DE LA DECISION	NIVELES DE PLANEACION Y CONTROL		
	NIVEL ESTRATEGICO	NIVEL TACTICO	NIVEL OPERATIVO
COMPROMETE A LA DIRECCION	Dirección general, función de dirección.	Dirección general, función directiva y función operativa.	Función directiva y función operativa.
HORIZONTE DE TIEMPO	Largo rango 1-10 años	Año a Año (mes a mes)	Día a día (semana a semana)
RANGO-GRADO ESTRUCTURA	No estructurada, irregular, cada problema es diferente.	Más estructurado, ciclo repetitivo.	Altamente estructurado, repetitivo.
REQUERIMIENTO DE DATOS	Sumarizados, estructurado, externo, dificultad para predefinir.	Sumarizados, interno, definible, anticipa formas.	Detalle, operacional genera interrelaciones.
RECURSOS DE DIRECCION	Establecimiento de políticas, pertenencia de los recursos.	Localización de recursos.	Uso eficiente de recursos.

---

[5] *FUENTES, Alix, Tesis: con Fundamento en la "CARACTERIZACION DEL DESARROLLO COMERCIAL DEL SECTOR EL LAGO SOBRE LA CARRERA 15, Universidad de la Salle 1985."*

Sección 2. SISTEMA EMPRESARIAL PROSPECTIVO

SISTEMA EMPRESARIAL PROSPECTIVO

La visión prospectiva de la empresa presta mucha atención a su historia, presente y futuro desde la cultura organizacional, gobierno corporativo, e imagen corporativa, con la visión desde donde se viene, en donde se está y a hacia dónde quiere llegar con una identidad definida en el entorno estratégico empresarial.

Para este efecto, esta visión aborda el entorno empresarial a nivel global y el manejo interno en concordancia con el enfoque de la empresa concebida como un sistema que comparte valores de la cultura organizacional y gobierno corporativo, para constituir hábitos colectivos de identidad corporativa en donde los proyectos de la empresa fluyan con la voluntad colectiva hacia el logro de metas y objetivos estructurados en la planeación estratégica de la empresa.

Estos lineamientos empresariales con observancia analítica y evaluativa de los elementos del entorno competitivo que delimitan el objeto empresarial, correlacionándolo con el medio ambiente en donde es desarrollada por los actores. Actores representados en el cliente interno de la empresa y en los clientes externos a la organización empresarial con los usuarios, clientes, proveedores, competidores, productores de productos sustitutos y/o complementarios junto con los actores gubernamentales, económicos, políticos, sociales, ambientales, informáticos, tecnológicos, sistemas de información y comunicaciones, en el contexto nacional e internacional.

Desde otro punto de vista, las relaciones transnacionales en la globalización de la economía y algunas variantes proteccionistas en el desarrollo de las naciones presenta tendencias y rupturas, que se perfilan entre otros, en las funciones empresariales de compra, producción, ventas y servicios en el mercado mundial.

Frente a este escenario, los sistemas empresariales utilizan la prospectiva de la gestión estratégica hacia el posicionamiento estratégico en cada uno de los actores de su entorno, para orientarse competitivamente y con sustentabilidad en el futuro deseado mediante nuevas tendencias en producto y servicios que respondan a los resultados de la innovación, investigación, tecnología y desarrollo.

Así mismo, las tendencias de la economía mundial del nuevo milenio está afectada por cambios acelerados y drásticos en los desarrollos socioeconómicos, culturales, ambientales, y tecnológicos que afectan las estructuras organizacionales y sus comportamientos. Se resalta la tendencia al cambio continuo de los medios informáticos y de conectividad mundial que facultan mayores desarrollos colectivos de las organizaciones empresariales con altos niveles de incertidumbre al abordar espacios desconocidos por la actual humanística de la sociedad mundial.

Las fronteras del sistema empresa se determinan por la organización estratégica y la dinámica estructural de la empresa, según el enfoque funcional que se adopte en el funcionamiento empresarial. A este respecto adquieren relevancia los subsistemas empresariales que se integran como un todo, desde los departamentos, actividades, productos, servicios, mercados, proyectos, programas, funciones, o modelos empresariales, que definan el comportamiento de la empresa con una conducta observable y objetiva a través de la cual el sistema empresa interactúa con el entorno y los grupos de interés que le corresponden.

En este enfoque prospectivo es importante procurar correlaciones altas entre la estructura definida y el tipo de organización adoptada, de manera que la transferencia de la información en la dinámica de los subsistemas permita llegar a su destino los mensajes seleccionados en cada fuente.

Las relaciones entre los elementos del sistema empresa, se realizan en su interior con su estructura y organización y al exterior con su medio ambiente, en concordancia con las opciones estratégicas seleccionadas en los procesos de decisión con las mejores alternativas, para la toma de decisiones en todos los niveles, donde la sinergia subyace en el propósito final de la toma de decisiones gerenciales. La sinergia empresarial se representa en el comportamiento y funcionamiento del sistema, donde el todo es más que la suma de sus partes en cada subsistema.

Esta composición sinérgica se dinamiza entre sus diferentes elementos, con un sistema de información diseñado a la medida que atienda los interrogantes empresariales en el cómo?, dónde?, por qué? quién?, cuándo? y para qué?; hacia el alcance de las metas y objetivos, proyectados en un futuro probable diseñado, disponiendo para tal efecto de la información necesaria con lineamientos que dejen espacios de reflexión prospectiva al grupo humano en la libertad, poder y decisión.

Desde este punto de vista se proyectan acciones para satisfacer aspiraciones, aptitudes y actitudes que motivan el desarrollo empresarial a la excelencia innovadora, dinámica, de frente al cambio, para liderar con rentabilidad económica y social en los retos que plantea la nueva era del tercer milenio.

ORGANIZACION DEL SISTEMA EMPRESARIAL

Los recursos que proveen el sistema de información de la empresa, dependen de los objetivos y metas del sistema empresarial, en los niveles transaccional, gerencial y estratégico; en consecuencia se ilustran en la GRAFICA N°. 1. UNIDAD BASICA DEL SISTEMA EMPRESARIAL PROSPECTIVO, algunos sistemas de recursos relevantes referidos al sistema financiero, sistema humano, sistema tecnológico, y sistemas de recursos productivos y de mercadotecnia.

GRAFICA N°. 1. UNIDAD BASICA DEL SISTEMA EMPRESARIAL PROSPECTIVO

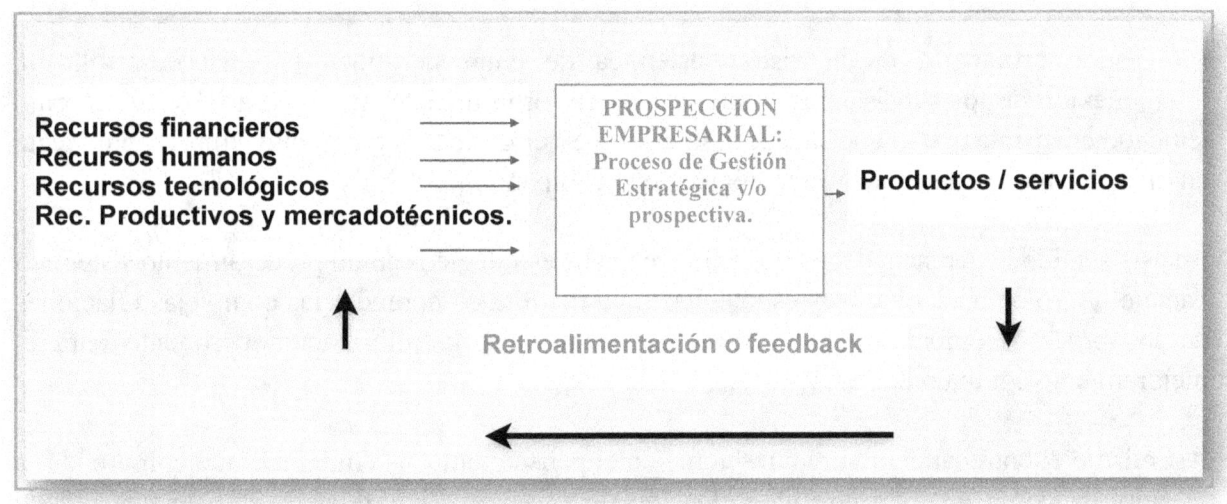

FUENTE: Fuentes, Alix.

Los recursos del sistema empresarial prospectivo son los mismos recursos empresariales con el adicional visionario de la ventaja competitiva de una gestión empresarial con anticipación a la acción centrada en el recurso humano como motor fundamental de la actividad empresarial. En este contexto confluyen los recursos financieros para dar viabilidad y solidez económica a sus operaciones; los recursos tecnológicos y operativos de productos y mercadotecnia proveen la logística necesaria en el exterior con el entorno y a su interior con la capacitación y entrenamiento del personal convoco en la innovación, liderazgo y creatividad como aportes fundamentales de cada miembro de la organización.

A este respecto, la gestión en servicios, producción o comercialización según cada modelo empresarial procura inventarios optimizados en correlación con la cartera, mercados, compras y ventas, en el marco de las competencias y habilidades empresariales. Esta visión con el propósito de apropiarse con anticipación a las estrategias del negocio en acciones concretas, que reflejen los rendimientos esperados, como producto de las principales funciones de innovación, investigación y desarrollo, diseño, distribución, ventas, presupuestos, programas y planes de la empresa en el actuar oportuno, efectivo y a tiempo.

En la descripción del sistema empresarial se deben determinar las metas y objetivos, precisando, para qué es el sistema y qué pretende; el medio ambiente; sus elementos de entrada; proceso; salida; retroalimentación y la dirección orientada a la toma de decisiones en el nivel operativo, nivel táctico y nivel de estrategia, donde es importante dentro del esquema organizativo considerar el proceso administrativo en la planeación, organización, dirección, motivación y control.

El proceso del sistema empresarial, opera como un sistema integrado de información, sobre el cual se procesan los recursos direccionados con el poder de las decisiones gerenciales hacia el alcance de los propósitos del negocio, y puede formularse de muchas maneras según el enfoque que se quiera adoptar.

La gestión estratégica en la visión sistémica de empresa utiliza para su desarrollo la interconexión de los subsistemas empresariales en torno al sistema empresarial y su entorno, teniendo en cuenta que lo que sucede al interior o exterior de la organización empresarial afecta en diferente medida la posición estratégica de la compañía.

En este sentido la gerencia debe utilizar los recursos estratégicos en un procesamiento sistémico hacia el logro de unos objetivos estratégicos que permita comprender las complejas relaciones de los procesos empresariales y con ello se disponga la información pertinente para el mejoramiento continuo de los mismos.

Así mismo el entrenamiento organizacional en el pensamiento sistémico permite comprender a la empresa como un todo con identificación de sus partes interrelacionadas en una red de información que se vincula con la red de información internacional en el contexto transnacional de las empresas del nuevo milenio.

Como ilustración del manejo gerencial en la práctica de gestión empresarial, en la GRAFICA Nº. 2. BOSQUEJO DE GESTION ESTRATEGICA EN UNA VISION SISTEMICA DE EMPRESA, se particiona el sistema empresa a su interior con los subsistemas más sensibles al control, innovación y desarrollo gerencial, referidos a inventarios, cartera, finanzas, organizacional en la producción y ventas, junto con el subsistema esencial de personal, partición a hacerse según el norte de la empresa y con la cual se dispone el soporte para el diagnóstico interno en fortalezas y debilidades de la empresa en los tópicos operativo, financiero y organizacional.

Así mismo al exterior del sistema empresa se contempla el entorno estratégico con actividades competitivas en el marco de las amenazas y oportunidades que ofrece el medio, para posicionar el portafolio de productos y servicios del negocio, en la dinámica empresarial que garantice un desarrollo equilibrado y sostenible en el crecimiento de la empresa y el adecuado posicionamiento en el mercado estratégico.

Como proceso la gestión empresarial, debe atender de comienzo a fin cada subsistema, en procura de transformar los recursos del negocio en valores agregados que representen beneficios económicos y sociales previamente estimados en función del crecimiento, sostenibilidad y rentabilidad de la empresa.

GRAFICA Nº. 2. BOSQUEJO DE GESTION ESTRATEGICA EN UNA VISION SISTEMICA DE EMPRESA

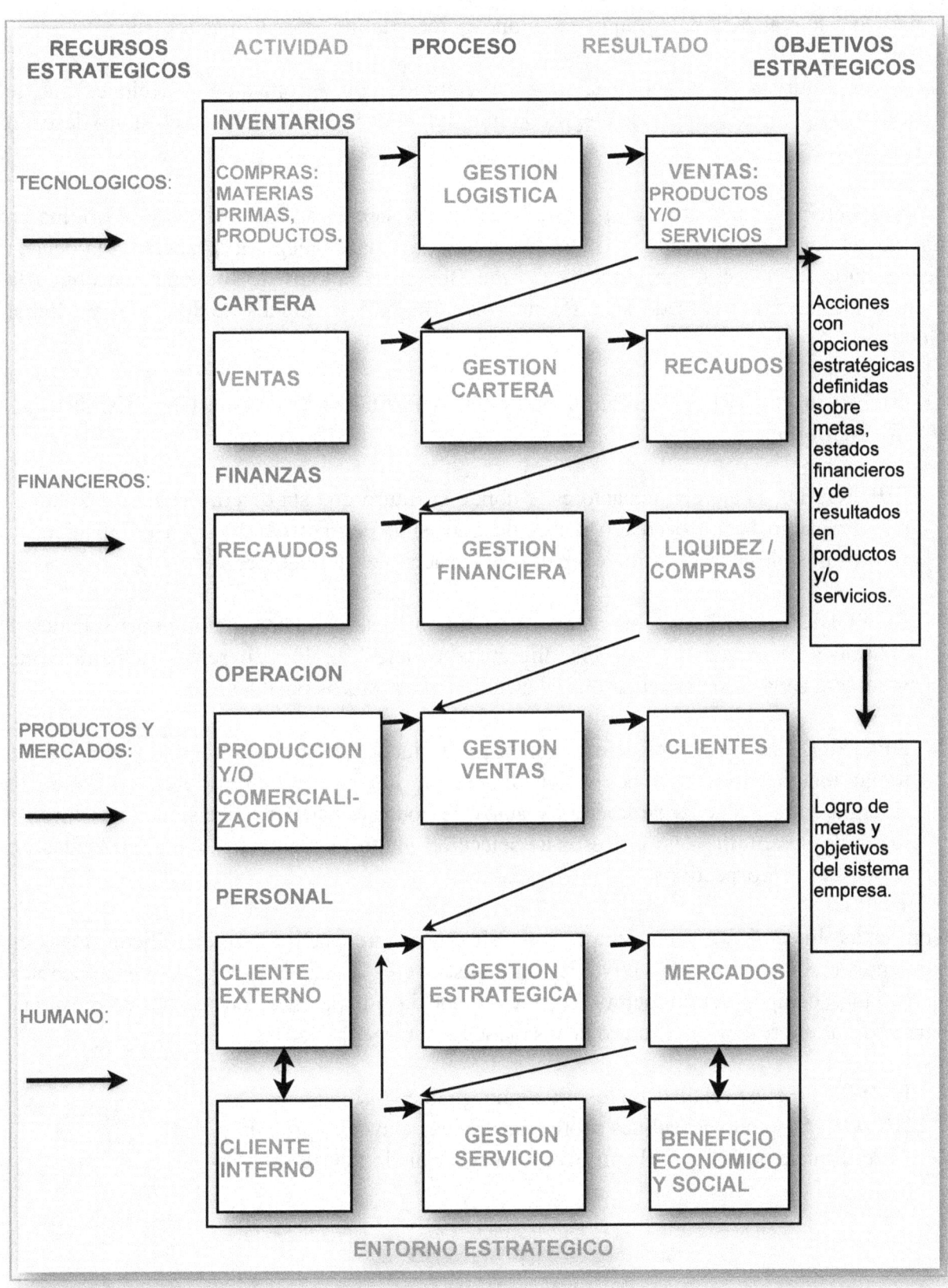

FUENTE: Fuentes, Alix.

La gestión estratégica empresarial en la visión sistémica de la prospectiva centra la atención en el objeto de explorar hoy sobre el futuro mediante la selección de los futuros más probables, a partir de los cuales se diseñan en el presente los caminos por los cuales acceder con éxito a su realización, logrando en la innovación y la investigación su logística.

La visión futurista es la anticipación a los cambios con apropiación y acciones que le permiten la opción al hombre de elegir con libertad, poder y decisión hacia el futuro deseado más probable.

La prospectiva se encuentra en el pasado desde la existencia de los profetas y se origina en Estados Unidos con la Segunda Guerra Mundial, para nacer luego en Francia en la década de los años sesenta con los pioneros Gaston Berger y Hugues de Jouvenel, en donde la escuela Francesa ha marcado su influencia con Bernard y Hugues de Jouvenel y Michel Godet.

En este orden, los TRES POSTULADOS DE LA PROSPECTIVA SEGÚN HUGUES DE JOUVENEL son:

- LIBERTAD: la ejercen los actores, e donde el futuro no está determinado, por lo tanto, no es ya algo hecho o creado por el destino, sino permanece abierto a un abanico de futuros posibles y se constituye a partir de las acciones del hombre.

- EL PODER: lo ejercen los actores con sus intereses, medios, paradigmas sociales y culturales, coexistiendo con los diferentes poderes de los diferentes actuantes que involucra cada caso particular que se estudie en los futuros posibles.

- DECISION: la ejercen los actores con la posibilidad que otorga la libertad y el poder de tomar una o varias opciones en el abanico de los múltiples futuribles, en donde la sinergia entre los actos de libertad y actos de poder conducen a decisiones que limitan los múltiples futuros con procesos de selección multicriterio normalmente utilizados en los procesos prospectivos.

Con estos lineamientos de pensamiento sistémico prospectivo se identifican los tres siguientes medios de la prospectiva de común uso en los desarrollos prospectivos aplicables en variados campos del conocimiento; incluyendo la prospectiva del sistema empresarial, para abordar el presente y el futuro de las ciencias puras y aplicadas:

- EXPERTOS: especialista en los problemas planteados.
- ACTORES: toman decisiones sobre las variables clave del problema.
- LEYES matemáticas y de la probabilidad con manejo del riesgo.

Capítulo 2: GESTION EMPRESARIAL

CAPITULO 2.

GESTION EMPRESARIAL

Sección 1. GESTION ESTRATEGICA

GENERALIDADES

La gestión empresarial aborda en el contexto del sistema empresa su accionar constructivo y directivo, para llevar a cabo los lineamientos prospectivos previamente planeados con estrategias de posicionamiento, innovación, desarrollo e investigación, procurando la administración óptima de los recursos de la empresa en función de su productividad y competitividad, de forma que la planificación estratégica con sus efectos en el largo plazo dispuestos en sus objetivos, se proyecta con la gestión estratégica disponiendo la gestión al servicio de la estrategia.

La visión prospectiva de la gestión estratégica toma los desarrollos de la prospectiva para incorporarlos en el quehacer diario proyectando al futuro en el término del corto, mediano y largo plazo como procedimiento constructivo hacia las aspiraciones y anhelos de los actores sociales que la gobiernan.

Esto en el contorno competitivo donde todas las ciencias buscan su sitio y protagonismo para liderar con tecnologías nuevas, paradigmas diferentes y esquemas mentales que transforman el mundo con la aceleración del cambio que motiva nuevas tendencias y rupturas hacia altos niveles de incertidumbre.

Los grados de riesgo marcan diferencia en la disposición empresarial, por ello el aparece el recurso prospectivo como un factor fundamental en la reducción de incertidumbre a través de las intensiones y acciones de adelantarse al futuro con fundamentos probables que garanticen la supervivencia dignificante en libertad y escogencia del mejor futuro a cada caso dentro de sus múltiples escenarios posibles y probables.

GESTION ESTRATEGICA

La gestión estratégica opera sobre los recursos, actividades y resultados junto con el entorno estratégico de la empresa, para transformarlos en logros de productos o servicios previamente planeados a partir del diagnóstico prospectivo junto con el proceso administrativo.

Proceso administrativo en la prospectiva de anticipación en donde la gestión empresarial orienta las ideas a la acción, poniendo la organización empresarial al servicio de la estrategia, con el fin de lograr el futuro deseado previamente planificado con las metas y objetivos de la empresa.

La gestión estratégica asocia a cada recurso de la empresa, objetivos corporativos con instrumentos estratégicos representados en el plan estratégico, con la respectiva logística contemplada en los medios tácticos.

LENGUAJE CON ENFOQUE PROSPECTIVO

En procura de unificar el lenguaje con enfoque prospectivo a utilizar en este libro de texto, se precisan las siguientes consideraciones:

- La estrategia junto con la prospectiva, son factores clave de la planeación en el proceso administrativo, procurando un futuro deseado con especificación de los medios para lograrlo.

- La planeación tradicional es retrospectiva, al formular futuros posibles para seleccionar el más deseable.

- La planeación prospectiva formula el futuro deseable junto con los medios para su realización.

- La estrategia con los objetivos, normatividades y reglas, se orienta junto con la planeación a las ideas, traducidas en un conjunto de tácticas que se obtienen del sistema de información de la empresa con el poder de las decisiones para lograr metas y objetivos corporativos previamente fijados.

- Las tácticas como caminos deseables para lograr los objetivos y metas del negocio. Las tácticas están orientadas a la acción mediática, a través del uso óptimo de los recursos disponibles de la empresa hacia un fin predeterminado, definiendo los medios o logística necesaria, para garantizar su éxito.

En la visión de la gestión empresarial, es fundamental definir las estrategias de la empresa, a partir del diagnóstico prospectivo, para determinar en la situación actual las opciones estratégicas más convenientes, para el futuro deseable junto con los medios para su realización.

PLANIFICACION ESTRATEGICA Y OPERATIVA

Una vez definidas y seleccionadas las opciones estratégicas, se diseña la planificación estratégica en la visión de la gestión estratégica y la planificación operativa con la selección y puesta en práctica de los medios necesarios para lograr los objetivos del corto plazo, de manera que en unidad de su gestión se defina y produzca el proyecto de empresa.

- **La planificación operativa** se proyecta al umbral del corto plazo con los objetivos y metas, esto es menor de 5 años haciendo uso de las tácticas definidas en la estrategia con los medios necesarios, para alcanzar los fines propuestos, con variantes en el umbral de tiempo según los desarrollos tecnológicos de los servicios o productos de la empresa.

- **La planificación estratégica** se proyecta con los objetivos y metas al umbral del largo plazo, esto es más de 5 años, con variantes en el horizonte del tiempo en razón al previo análisis del entorno cambiante y aceleración de los desarrollos de la tecnología de punta en el mundo, procurando la permanencia del negocio con efectos duraderos mediante la anticipación hacia futuros deseables que se constituyen desde el presente en el actuar justo a tiempo.

- El proyecto de empresa se centra en el factor humano y organizativo la movilización colectiva para conducir la empresa, a la aspiración de logro en su misión, formulado dinámicamente en la planificación prospectiva, donde la voluntad colectiva con su identidad y cultura organizacional, se identifican plenamente con los objetivos a corto, mediano y largo plazo que dispone la visión futurista del negocio.

GESTION ESTRATEGICA Y NORTE DE LA EMPRESA

En este orden, la gestión estratégica define el rumbo de la empresa en donde la flexibilidad estratégica tiene sentido al sortear los obstáculos, sin perder el norte trazado en términos de valor económico agregado, productividad, ventajas competitivas, liderazgo con creatividad e innovación, que traduzcan las ideas en acciones eficaces y eficientes en el término de costos, tiempo estimado y valor agregado.

La administración del sistema empresarial en su enfoque sistémico contempla las opciones estratégicas, por medio de las cuales el sistema empresa se relaciona con su medio ambiente, a través de su imagen corporativa, gobierno corporativo, cultura organizacional, los objetivos, políticas, principios, procedimientos y decisiones que tienden al alcance en la misión del negocio.

En este manejo de estrategias, es necesario ubicar a la empresa identificando su tendencia; de manera que si se trata de una estrategia de especialización, se buscará el fortalecer un producto; pero si se trata de una estrategia de integración, se buscará complementar un producto existente.

Sin embargo si se trata de una estrategia de diversificación, se buscará fortalecer el portafolio; pero si se trata de una estrategia de adentro hacia fuera, se buscará hacer productos para ofrecer al mercado o identificar productos del mercado que el negocio necesita.

Una vez que la empresa identifica plenamente su rumbo, se proyecta con la misión y visión a la conformación de un plan estratégico que en conjunto involucre las componentes necesarias, para orientar a la empresa en el corto, mediano y largo plazo, con el objetivo de lograr la ventaja competitiva, disminuir riesgos innecesarios y prepararse para el cambio propio en el desarrollo del negocio, soportado en los pilares básicos de la prospectiva de la anticipación, apropiación y acción.

En este referente, la gestión estratégica empresarial está encargada de conducir a la empresa hacia el futuro deseado, que desde luego ha sido previamente planeado en el pensamiento sistémico de la organización.

En este contexto se vincula al desarrollo empresarial la prospectiva empresarial exigiendo la eficiencia y eficacia en la gestión de todos los subsistemas del sistema empresa, procesos empresariales e interrelaciones endógenas y exógenas, para lograr en la precisión de sus resultados la identificación de los diferentes escenarios y factores claves de éxito dispuestos para estructurar el norte de la empresa en los propósitos de sustentabilidad, sostenibilidad, crecimiento rentable, responsabilidad social, y compromiso ambiental con la humanidad.

A este respecto es vital incluir en el pensamiento sistémico empresarial el sentido de pertenencia y compromiso de cada uno de los subsistemas empresariales en la respectiva contribución al logro de las metas y objetivos del sistema empresa, de manera que la dirección de la gestión estratégica pueda conciliar en el 100% el porcentaje de participación de cada subsistema en el alcance de las metas y objetivos logrados y por lograr.

En este orden, es importante precisar que la gestión estratégica busca el éxito empresarial, pero también es responsable de una vez logrado en mantenerlo, fortalecerlo, replantearlo, evaluarlo y cambiarlo si los resultados ya no son los esperados por la contingencia e incertidumbre en que se desarrolla.

De otra parte, es esencial tener en cuenta que las estrategias deben ser traducidas en hechos reales que sean medibles a nivel cualitativo y/o cuantitativo, con el fin de traducir las ideas en el lenguaje de las palabras coordinadas en acciones o de traducir las estrategias en términos matemáticos para hacer las simulaciones que correspondan en los diferentes posibles escenarios de éxito empresarial.

Sección 2. PLAN ESTRATEGICO

DEFINICION DE PLAN ESTRATÉGICO

El plan estratégico es un instrumento de la gestión estratégica que opera a través de su estructura y organización empresarial asignando a cada recurso de la empresa, objetivos específicos con las tácticas correspondientes para explicitar las acciones a realizar en cada una de las actividades en función de los propósitos en la dirección gerencial.

Para elaborar el plan estratégico se reúne el grupo de expertos en cada subsistema, con el ánimo de definir los objetivos, proyectos y programas específicos, en función de la actividad particular del subsistema y de la actividad general del sistema empresa.

En consecuencia el plan estratégico se conforma por un conjunto de componentes con destino a orientar la empresa en el mediano y largo plazo en procura de lograr la ventaja competitiva y diferenciales que le posicionen estratégicamente en la disminución de la incertidumbre, control del riesgo y máximos rendimientos en la flexibilidad estratégica que le conduzca en medios cambiantes al éxito programado.

METODOLOGIA PARA ELABORAR UN PLAN ESTRATÉGICO CON VISIÓN PROSPECTIVA

En la metodología para hacer un plan estratégico son recomendables los siguientes lineamientos[6]

a. DEFINIR LA CULTURA ORGANIZACIONAL DE LA EMPRESA en visión prospectiva.

La cultura organizacional de la empresa es exclusiva en su diseño e implementación y prospectiva de la organización, para constituirse en el sello personal que la identifique en su existencia; su definición está referido al actuar y proceder acorde con los principios, estructura, políticas, objetivos, metas, visión, y misión, entre otros lineamientos básicos de la empresa como conducta observable al interior y exterior del sistema empresa, para reflejar en su unidad la imagen corporativa empresarial.

---

[6] *FUENTES, Alix, Tesis: MODELO DE PLANEACION ESTRATEGICA APLICADO A LA AUDITORIA INFORMATICA. Universidad Nacional-U.P.T.C. 1994. PAGINA 34.*

LA MISIÓN

La misión es la prospección que asiste a la organización para perpetuar la vida de la empresa como sistema viable, en una tendencia que conlleve al negocio al desarrollo con posibilidad razonable de alcance en sus ideales.

METAS

Las metas indican lo que se quiere hacer, normalmente en el largo plazo, anticipándose al futuro con innovación, creatividad y liderazgo, asignando logros a los subsistemas con compromisos en cada uno de los miembros que lo constituyen, teniendo en cuenta las aptitudes, conocimientos técnicos, organizacionales, financieros y de personal que orienten los destinos de la empresa, centrando la atención en: ¿Qué alcanzar en el largo plazo con una estrategia que defina explicita y objetivamente los objetivos y reglas de juego en el contexto empresarial?

POLÍTICAS

Las políticas formalizan las directrices de anticipación, apropiación y acción del gobierno corporativo y cultura organizacional, que guiarán el negocio en todos los niveles, con la identidad transmitida en el sentido de pertenencia y compromiso al interior y entorno de la organización.

PRINCIPIOS Y VALORES

Los valores son los principios compartidos de la organización, con los cuales se prospecta y motiva al comportamiento moral y ético en escenarios definidos, con valor agregado en la cohesión y dignificación del potencial humano, además produce en su entorno y en el clima organizacional ventajas competitivas.

Los principios y valores constituyen entre otros el fundamento para constituir el código de ética, manual de procedimientos y reglas de comportamiento donde la cultura de la empresa se expresara a través de normatividades en valores compartidos y sentido de compromiso en la colectividad que representan, disponiendo en su actuar la imagen corporativa del sistema empresarial.

OBJETIVOS

Los objetivos prospectivamente refieren con anticipación uno o varios de los múltiples e indeterminados futuros, y son el objeto principal de la estrategia donde se precisan los logros esperados a corto o largo plazo, en función de la gestión estratégica de las metas de la empresa, donde se clasifican sus fines y oficios; logísticamente los objetivos operacionalizan los logros propuestos en las metas, definiendo en las tácticas los medios para su logro junto con el conjunto de decisiones gerenciales a tomar para alcanzarlos.

PROYECTOS

Los proyectos prospectivamente traducen la anticipación de las metas y objetivos en acciones eficaces, conformadas por escenarios posibles y probables, con disposición en el conjunto de actividades interrelacionadas, que se orientan a cumplir cada uno de los objetivos del plan estratégico; en consecuencia los proyectos hacen parte del plan estratégico, que se orienta al hacer en cumplimiento de la gestión estratégica que requiere de un plan operativo para alcanzar las metas y objetivos previamente planeados.

ESTRUCTURA

La estructura es la conformación orgánica de la empresa, que para este caso se plantea en el modelo sistémico con la composición de subsistemas en visión y manejo prospectivo, referido al conjunto de partes interrelacionadas del sistema empresa, que pasando por la acción de la apropiación se adecua a las estrategias, para obtener el máximo rendimiento y productividad esperado.

En su administración se incluyen las etapas básicas del proceso administrativo y prospectivo, en la planeación de ideas; organización de cosas; control, dirección e integración de las personas, en el contexto de la estrategia adoptada por la empresa, para la cual la gestión empresarial esta a su servicio, procurando el cumplimiento entre otros de la planificación estratégica y planificación operativa, en línea con la misión, visión y metas del negocio.

b. DETERMINAR LA POSICIÓN ESTRATEGICA Y PROSPECTIVA DE LA EMPRESA

El posicionamiento estratégico es una componente del diagnóstico prospectivo que hace parte a su vez del diagnóstico estratégico, para orientar sus resultados a la toma de decisiones gerenciales, mediante la confrontación de los proyectos y las estrategias de los actores, en el juego de hipótesis coherente generando escenarios, cuya realización se circunscribe a la probabilidad estimada de los escenarios seleccionados en el espacio respectivo de acción.

Para definir la posición estratégica de la empresa se debe conocer su entorno con las oportunidades y amenazas del ambiente, frente a las fortalezas y debilidades internas a la empresa, fundamentando su análisis en la segmentación estratégica, la estimación de valores presentes y futuros en la división de actividades y la evaluación de la posición competitiva de la empresa en cada segmento.

La segmentación estratégica divide las actividades de la empresa en pares de producto - mercado, fundamento en la aplicación de las herramientas de gestión para el posicionamiento estratégico del sistema empresarial.

Con la información obtenida en los campos probables de actividad estratégica o segmentos estratégicos, se identifica la posición estratégica de la empresa, teniendo en cuenta el conocimiento interno de la compañía y el conocimiento de su entorno con todas las variables del mercado y del sector económico, con la cuál se formulan las estrategias y sus componentes en la organización, con las opciones, para la toma de decisiones gerenciales.

c. FORMULAR PROSPECTIVAMENTE LAS ESTRATEGIAS Y SUS COMPONENTES EN LA ORGANIZACIÓN:

Teniendo en cuenta que en la prospectiva el futuro se asume y se desea, con un acercamiento que requiere un conjunto de reglas para lograr los objetivos, genera en su esencia el manejo conceptual de la estrategia, donde su formulación se cimienta en los criterios y la toma de decisiones gerenciales en torno a los objetivos y metas del sistema empresarial, de manera que en sus componentes requiere definir los caminos o rutas a seguir para alcanzarlos, implicando definir el conjunto de tácticas o medios para lograr operacionalizar las metas planeadas.

Para tal efecto es necesario comprometer las áreas funcionales del sistema empresa, al cumplimiento del plan estratégico.

Esto implica que todo el personal de la empresa, desde su nivel operativo pasando al nivel táctico y nivel de estrategia en la toma de decisiones, debe participar activamente en el proceso estratégico de la compañía, atendiendo cada empleado sus funciones como un todo de principio a fin, que a la vez se interrelaciona con todos y cada una de las demás funciones de la empresa, identificando en el quehacer diario, el sentido de pertenencia y compromiso con la misión, metas y objetivos de la empresa.

d. DETERMINAR PROSPECTIVAMENTE LOS PROYECTOS Y PROGRAMAS; ASIGNAR LOS RECURSOS A LOS PROYECTOS; PROGRAMAR SU DESARROLLO EN TIEMPOS Y COSTOS; REVISAR, AJUSTAR Y APROBAR PROYECTOS SEGÚN LAS NECESIDADES PRIORITARIAS; EJECUTAR CON SEGUIMIENTOS DE AUDITORIA, PARA FINALMENTE CONTROLAR SU CUMPLIMIENTO EN REFERENCIA CON LO PROGRAMADO.

Es importante precisar, que las metas se componen de objetivos, y estos constituyen la esencia de las estrategias, con las cuales se gestionan los escenarios seleccionados como más probables y a partir de los cuales se construyen los proyectos y programas, que concretan espacios de desarrollo de la planificación operativa con la acción de la gestión estratégica.

Espacios en donde siendo distintos el modo operativo del modo estratégico llegan a la complementariedad, definiendo los recursos, desarrollo de tiempos y costos, con los ajustes y revisiones requeridas en los procesos gerenciales de aprobación, para finalmente dar curso a la ejecución con controles y auditorías dispuestas en el proceso de implementación y desarrollo.

A este respecto los controles y auditorías generales son recomendables realizarlos cada seis meses y los controles parciales cada mes o a la medida que exija cada proyecto, por supuesto estos aplican además de los autocontroles propios de cada proceso que deben realizarse antes, durante y después, de la ejecución de cada actividad ejecutada por el funcionario responsable de la tarea encomendada.

Retomando los lineamientos del presente desarrollo metodológico, se procede a estructurar el plan estratégico para la empresa, el cual debe ajustarse a la medida de sus necesidades metas y objetivos.

En consecuencia el plan estratégico es único a cada organización y debe actualizarse conforme se presenten los cambios propios del sector económico y la economía en que se desarrollen.

En consecuencia para elaborar un plan estratégico, se requiere definir un proceso logístico que incluya el ¿Qué hacer? Con la formulación de estrategias; plantear su operacionalización en el ¿Cómo hacerlo? mediante un proceso metodológico que defina las tácticas a seguir, para finalmente obtener en su ejecución y control a través de la gestión estratégica, los resultados esperados propuestos en el ¿Qué hacer?.

Sobre este tema y para efectos de ilustración general al modelo del sistema empresarial planteado, se formula a continuación en la GRAFICA Nº. 3. BOSQUEJO DE UN PLAN ESTRATEGICO FUNCIONAL, algunos lineamientos básicos de un plan estratégico funcional con los subsistemas de inventarios, cartera, finanzas, organizacional en ventas y/o producción, y humano.

Así mismo se formulan en la GRAFICA Nº. 4. LINEAMIENTOS GERENCIALES PARA UN PLAN DE GESTION ESTRATÉGICA, con el propósito de disponer un sistema de información operacional, gerencial y estratégico, para soportar la toma de decisiones en la gestión estratégica que prospecta la empresa acorde con el bosquejo del plan estratégico funcional dispuesto para esta ilustración a manera de ejemplo.

GRAFICA Nº. 3. BOSQUEJO DE UN PLAN ESTRATEGICO FUNCIONAL

FUENTE: Fuentes, Alix.

MISIÓN
Satisfacer todas las necesidades del cliente interno y externo, con bienestar social, ambiental y económico.

META: SISTEMA DE INVENTARIOS	META: SISTEMA DE CARTERA	META: SISTEMA FINANCIERO	META: SISTEMA COMERCIAL O PROSPECTIVO	META: SISTEMA RECURSOS HUMANOS
Diseñar un sistema de inventarios óptimo para la empresa y el cliente.	Conformar planes de crédito rentables para la empresa y disponer lo necesario para buscar tendencias cero en la cartera vencida.	Conseguir y aplicar los recursos financieros en forma óptima de manera que se disponga a la empresa de una liquidez favorable con índices de rentabilidad satisfactorios a la gestión del negocio. Determinar ventas en unidades no económicas, para cubrir costos fijos y generar las utilidades esperadas.	Satisfacer todas las necesidades de los clientes con la comercialización o producción en el marco de la ética comercial, la excelencia del servicio y la calidad total.	Integrar el equipo humano óptimo necesario a la gestión empresarial con una dirección y un sistema de control eficaz y eficiente, para cumplir las metas y objetivos del negocio a la luz de la filosofía moral en pro de un hombre justo y feliz.

OBJETIVO	OBJETIVO	OBJETIVO	OBJETIVO	OBJETIVO
Balancear los factores del costo de inventarios para minimizar el costo total del sistema de inventarios con la máxima atención al cliente interno y externo de la empresa.	Velar por el cumplimiento de los recaudos en los plazos y descuentos comerciales, pactados con cada uno de los clientes.	Disponer la liquidez necesaria para garantizar el giro normal del negocio hacia el cumplimiento de metas rentables, sostenibles y con riesgos controlados, obteniendo el equilibrio programado entre riesgo y utilidad de la empresa.	Generar y ejecutar negocios a través de los cuales se vendan o produzcan los productos y/o servicios, garantizando su crecimiento rentable con bienestar económico, social y de control ambiental.	Crear un ambiente organizacional armónico, capaz de proveer el desarrollo del potencial humano y fortalecer los valores humanos y éticos, obteniendo en la gestión innovación con tendencia de errores cero en las labores encomendadas.

PROYECTO DE VENTAS	PROYECTO RECAUDOS	PROYECTO DE LIQUIDEZ	PROYECTO MERCADOS ASISTENCIA CLIENTE	PROYECTO DE IMAGEN CORPORATIVA
Qué se va a vender o producir? Cómo se va a vender o producir? A quien se va a vender o producir? Dónde se va a vende o producir? Cuándo se va a vender o producir?.	Programas de crédito Programas de obtención de fondos Programación de pagos Programación de compras.	Programa de flujo de fondos Programas de liquidez hacia el desarrollo de la empresa, para atender obligaciones del negocio y rentabilidades esperadas.	Programas de atención al cliente interno y externo de la empresa, en función del beneficio social económico.	Programas de participación con tecnologías de punta y valores éticos, para construir una identidad atractiva y diferencial en la gestión del recurso humano.

GRAFICA N°. 4. LINEAMIENTOS GERENCIALES PARA UN PLAN DE GESTION ESTRATÉGICA

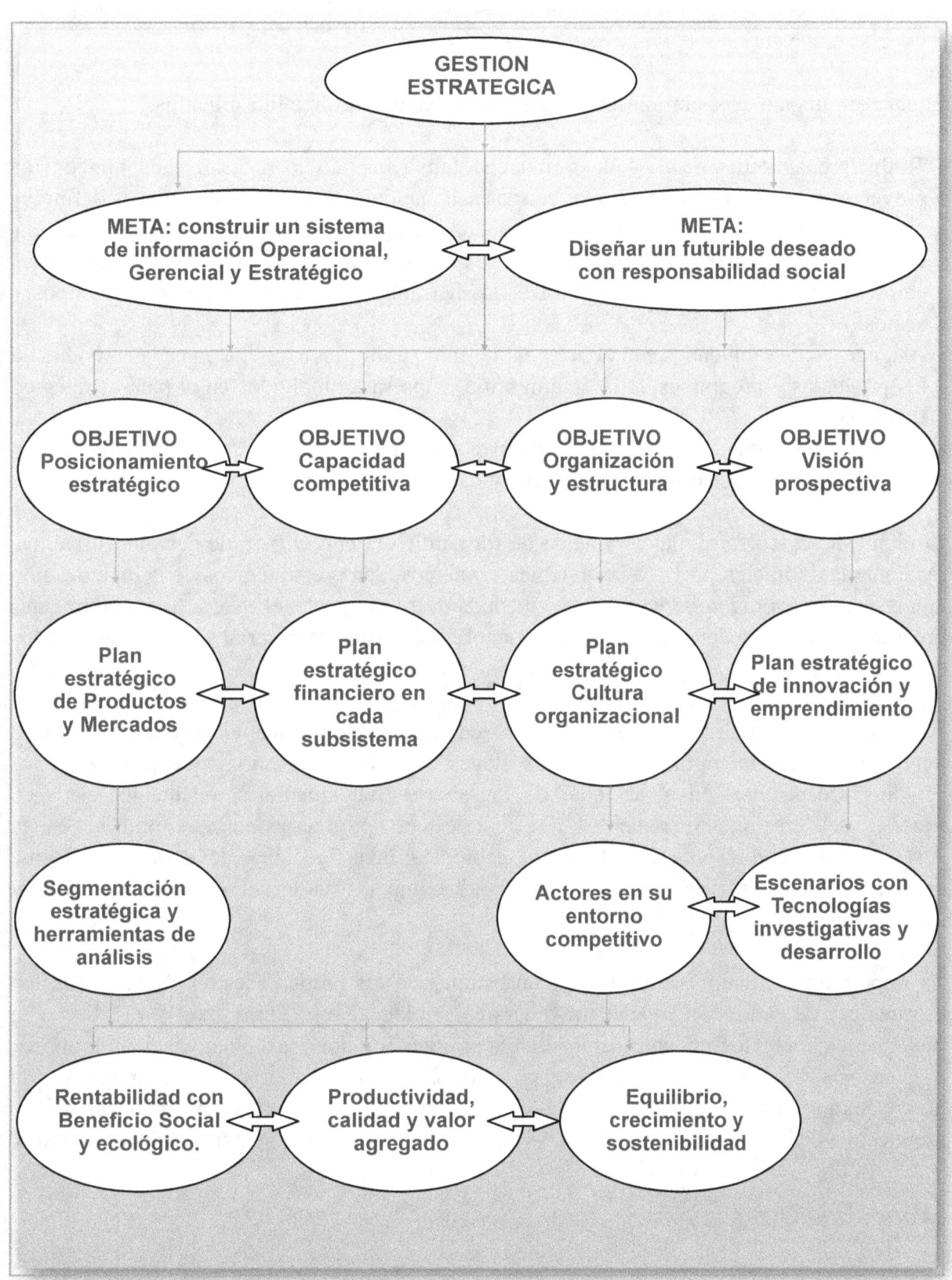

FUENTE: Fuentes, Alix.

El plan estratégico funcional define el mapa del sistema empresarial con los puntos de llegada representados por las metas que pueden aglomerar varios objetivos y a la vez con las acciones del cómo lograr esos propósitos empresariales dispuestas en los programas y proyectos empresariales.

El plan estratégico debe cumplir como mínimo los siguientes tres lineamientos:

- Traducir cuantitativamente y de forma cualitativa cuando lo amerite cada uno de los proyectos y programas a desarrollar con las asignaciones en el tiempo de plazos definidos para el inicio y terminación de cada actividad que los conforman. Así mismo, definir costos de las diferentes actividades que conforman os proyectos y programas empresariales. Para estos efectos utilizar las herramientas de optimización de tiempos y costos.
- Asignar responsabilidades con el personal definido en forma explicita en cada actividad de los proyectos y programas de la organización empresarial incluidos en el plan estratégico funcional.
- Describir explícitamente y de forma objetiva cada uno de los proyectos y programas con especificación de las correspondientes actividades y tareas a realizar.

El plan estratégico funcional se vincula de forma directa con el plan de gestión estratégica mediante la definición previa de estrategias versus los planes estratégicos de la organización empresarial ,para dar cobertura a la segmentación estratégica y el uso de las herramientas prospectivas hacia la determinación de los actores del éxito empresarial y la selección de los factibles escenarios.

Escenarios que muestran los horizontes de tiempo hacia los cuales el sistema empresarial debe trabajar con el óptimo uso de las claves de éxito empresarial que produzcan los estudios prospectivos en el accionar de los actores fundamentales, resultantes estos en función del crecimiento rentable - sostenible con productividad y equilibrio en la sustentabilidad con responsabilidad social, ecológica, investigación y desarrollo del sistema empresarial de frente al futuro con ventajas competitivas en el contexto nacional y transnacional de las empresas.

Es importante tener en cuenta en el plan estratégico los pasos generales de la planeación estratégica de informática que involucran la planeación Top-down y el diseño e implementación button-up, considerando en la primera Top-down los objetivos de la Empresa, organización del negocio, procesos de la Empresa, Datos para soportar los procesos y la arquitectura de la información; y la segunda button-up realiza el diseño e implementación de la arquitectura de la información, bases de datos, aplicaciones, procesos y objetivos del negocio.

Sección 3. PROCESO PROSPECTIVO Y HERRAMIENTAS DE GESTION

PROCESO ADMINISTRATIVO PROSPECTIVO

En el proceso administrativo prospectivo del sistema empresarial se fundamenta el análisis estratégico, en donde la reflexión prospectiva se anticipa a las acciones estratégicas tendientes al alcance de los objetivos, donde estos tienen la opción de confrontarse, ajustarse y corregirse en aplicación directa sobre el diagnóstico estratégico en las fortalezas y debilidades internas, como también en las amenazas y oportunidades externas; espacios de acción para la dirección empresarial con planes y tácticas de acción junto con la participación de los grupos de interés.

En este proceso es importante vincular los conceptos que operan en la gestión estratégica, como fundamento en la prospectiva empresarial hacia el futuro deseado, con la planeación, organización, integración, dirección y control, como siguen continuación.

PLANEACION PROSPECTIVA

Es la expresión de la gestión estratégica como una función continua que opera en secuencia e incluye principalmente las actividades de pronósticos; objetivos; estrategias; programa; presupuesto; procedimientos, políticas y en general estudios retrospectivos y prospectivos, para definir el norte del negocio y los caminos que potencializan la transformación de las ideas en acciones productivas con valores agregados diferenciales. En ésta formulación se implementa la visión de la planeación prospectiva para definir alternativas en el futuro que determinen posiciones competitivas con diferenciación y liderazgo.

La planificación precede a la acción, definiendo en la fase de planificación estratégica los oficios, fines y proyectos de empresa; la planificación operativa asigna las acciones y medios necesarios en su realización, terminando con la fase de la planeación presupuestaria con asignación de recursos financieros, seguimientos y controles en cada actividad en un periodo determinado de tiempo.

ORGANIZACIÓN PROSPECTIVA

Es la gestión dispuesta a la estrategia como una función que actúa sobre cosas del sistema empresa, como una organización funcional con amplias opciones en la innovación que se operacionalizan en la organización operativa y sus actividades principales son la estructura de la organización; interrelaciones de la estructura con el trabajo; descripción y requisito de puestos o cargos.

La organización de la mano del hombre marcan diferencias irremplazables en cada teoría que ofrecen las ciencias humanas, son hipótesis que se formulan para el tercer milenio como factores de éxito empresarial.

INTEGRACIÓN PROSPECTIVA

La integración moviliza al personal en su conducta observable en torno a su cultura organizacional, dirigido con el gobierno corporativo hacia el accionar en los planes estratégicos, como parte del proceso estratégico, donde la integración prospectiva actúa como una función sobre las personas y sus actividades principales son la selección de la persona adecuada al puesto adecuado; la orientación de la persona con su cargo y la organización; el entrenamiento para mejorar las habilidades de la persona y la capacitación para mejorar el nivel de conocimientos y aptitudes de la persona. Se destaca al hombre como centro que determina la diferencia entre organizaciones ganadoras y perdedoras.

DIRECCIÓN PROSPECTIVA

En la dirección prospectiva se tiene en cuenta que el factor humano es determinante en el desarrollo del sistema empresarial, con la observancia de la dirección al servicio de la estrategia como oportunidad de recuperación y crecimiento de los negocios, donde la función de dirección actúa sobre las personas con las actividades principales en delegar explícitamente en una persona los resultados concretos que se esperan; motivar a que las personas desarrollen sus potenciales al cumplimiento de los objetivos encomendados; coordinar las actividades del negocio; manejar las discrepancias del personal; manejar y fomentar el cambio con iniciativa, creatividad, liderazgo y tendencia al logro. Esta función postula a los directivos ha hacer lo mejor con menos involucrando en la gestión participativa a todos los miembros del equipo de trabajo.

CONTROL Y AUDITORIA PROSPECTIVO

El control y auditoría prospectivo, se anticipa en su accionar con el autocontrol en la evaluación de desempeño, complementado con controles internos y externos al sistema empresa, dando lugar a los ajustes y cambios necesarios propios de los espacios de incertidumbre en los cuales se desarrollan los negocios, donde la función de control actúa sobre las personas y recursos de la empresa reflejados en los procesos de feed back del sistema empresa. Sus actividades principales son el sistema de reportes indicando los datos y sistema de información necesario para el negocio; desarrollar normas de desempeño en el como lograr los objetivos del negocio; medir resultados frente a los presupuestos, observando las desviaciones para hacer los ajustes oportunamente; tomar acciones correctivas frente a las desviaciones de la organización; conceder recompensas o estímulos al personal.

HERRAMIENTAS DE GESTION PROSPECTIVA PARA EL POSICIONAMIENTO ESTRATEGICO DEL SISTEMA EMPRESA:

Las herramientas de gestión prospectiva, se orientan a los instrumentos de posicionamiento estratégico de la empresa, de los cuales se enuncian a continuación algunos relevantes referidos a la segmentación estratégica o también llamados campos de actividad estratégica, el ciclo de vida de los productos, cadenas de valor, arboles de competencias y árboles tecnológicos; procurando todos ellos la evaluación del valor de la segmentación del mercado objetivo y la correspondiente posición competitiva en cada segmento estratégico.

El posicionamiento estratégico dede la prospectiva empresarial aborda estos conceptos con vision en la anticipación a las aciones empresariales, para fundamentar las decisiones en estudios de mercados que permitan predecir comportamientos posibles en el futuro y en esta medida diseñar planes de acción para alcanzar o superar las metas y objetivos empresariales.

SEGMENTACION ESTRATEGICA O CAMPOS DE ACTIVIDAD ESTRATEGICA.

La segmentación estratégica es un instrumento de análisis común a todos los métodos de posicionamiento estratégico, fundamentando la división de actividades de la empresa en segmentos estratégicos o campos de actividad estratégica.

En este contexto se considera que dos actividades pertenecen al mismo segmento estratégico, se tienen los mismos competidores, los mismos consumidores, y en general donde todo efecto sobre una actividad afecta la otra actividad, admitiendo en su gestión el manejo de estrategias.

La visión de los segmentos estratégicos desde el punto de vista prospectivo, representa en el sistema empresa, escenarios posibles con campos de batalla que determinan los retos estratégicos, donde los actores mantienen alianzas, neutralidad o conflictos representados en objetivos asociados convergentes o divergentes. Estos campos de batalla posibilitan luego el posicionamiento de cada actor sobre los retos estratégicos con sus objetivos asociados, para obtener en su jerarquización las tácticas posibles conforme lo presenta el método Mactor.

Este instrumento de segmentación estratégica se desarrolla con las transformaciones de la gestión estratégica y valoraciones que se dan en el modelo sistémico de las empresas, generando en la composición de operaciones, cadenas de valor, que se reflejan en la relación costo - beneficio en la producción o comercialización de productos y servicios, dejando en el mercado el posicionamiento competitivo que le garantice su permanencia en forma creciente, rentable y sostenible.

CICLO DE VIDA DEL PRODUCTO

El ciclo de vida del producto se relaciona con "Las características descriptivas asociadas a los estadios de desarrollo empresarial presentan el siguiente comportamiento:

Estado embrionario Estadio de alto crecimiento; Estadio de madurez; Estadio de vejez"[7].

Estos con observancia, en establecer una línea básica de productos en el estado embrionario, obteniendo en el alto crecimiento la rápida proliferación al extenderse las líneas de productos, llegando a la madurez con rotación de productos pero con poco o ningún cambio en amplitud y finalmente envejece cuando se encogen los productos en su ciclo de vida hasta su tendencia a la extinción.

El ciclo de vida del producto inicia en el tiempo con un volumen mínimo de la demanda, la cual presenta una tendencia creciente hasta la etapa de la madurez, donde empieza a decrecer, mostrando un mercado en regresión en la vejez.

El tiempo definido en cada estadio, varía de un producto a otro, por lo cual no existen parámetros distintos de los desarrollos tecnológicos, rupturas en las tendencias o cambios de paradigmas, resultantes de los actuales estudios prospectivos, que reflejan incrementan la velocidad de los cambios.

Tomando algunas interpretaciones al respecto se formulan los siguientes lineamientos en la GRAFICA Nº. 5. CARACTERISTICAS DE LOS ESTADIOS EN EL CICLO DE VIDA DEL PRODUCTO EN EL TIEMPO, que identifican algunos comportamientos y características en cada estadio en contraste con la curva del ciclo de vida en el tiempo; de similar modo se ilustra en la GRAFICA Nº. 6. CARACTERISTICAS DE LOS ESTADIOS EN EL CICLO DE VIDA DEL PRODUCTO EN EL TIEMPO VERSUS UTILIDADES.

Se observa la necesidad de intervenir estratégicamente en el ciclo del producto cuando este termina la esta de crecimiento con las máximas utilidades que se mantienen en un intervalo de tiempo en la madurez para luego comenzar a decrecer, por tanto es importante intervenir prospectivamente el estadio de la madurez, aplicando la prospectiva de productos y la reingeniería de productos, entre otras opciones de penetración en el mercado y renovación de negocios, con innovación, creatividad y emprenderismo.

GRAFICA Nº. 5. CARACTERISTICAS DE LOS ESTADIOS EN EL CICLO DE VIDA DEL PRODUCTO EN EL TIEMPO.

---

[7] *FUENTES, Alix, Tesis: Caracterización del Desarrollo Comercial del Sector el Lago sobre la carrera 15, Universidad de la Salle 1985. PAGINAS 19-27*

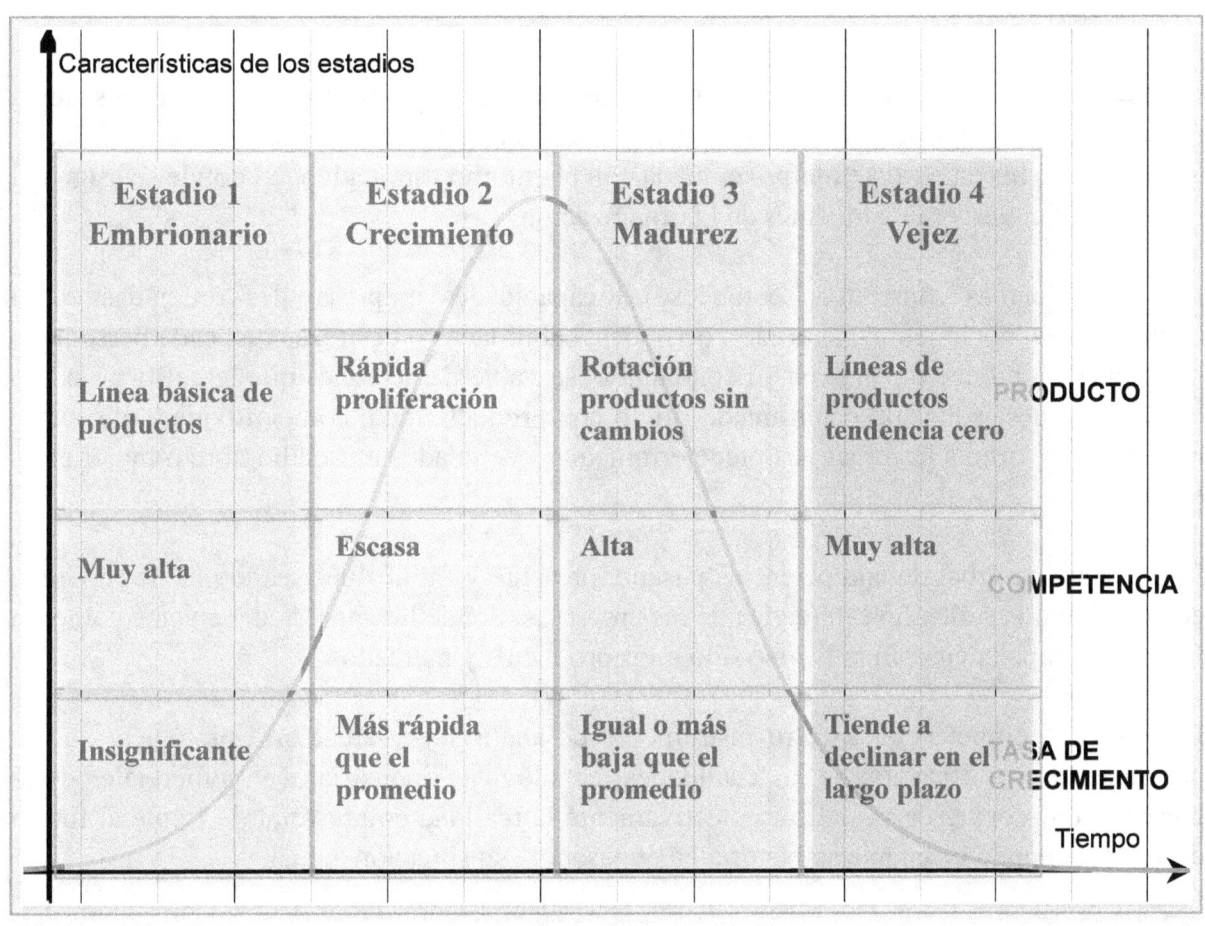

GRAFICA N°. 6. CARACTERISTICAS DE LOS ESTADIOS EN EL CICLO DE VIDA DEL PRODUCTO EN EL TIEMPO VERSUS UTILIDADES.

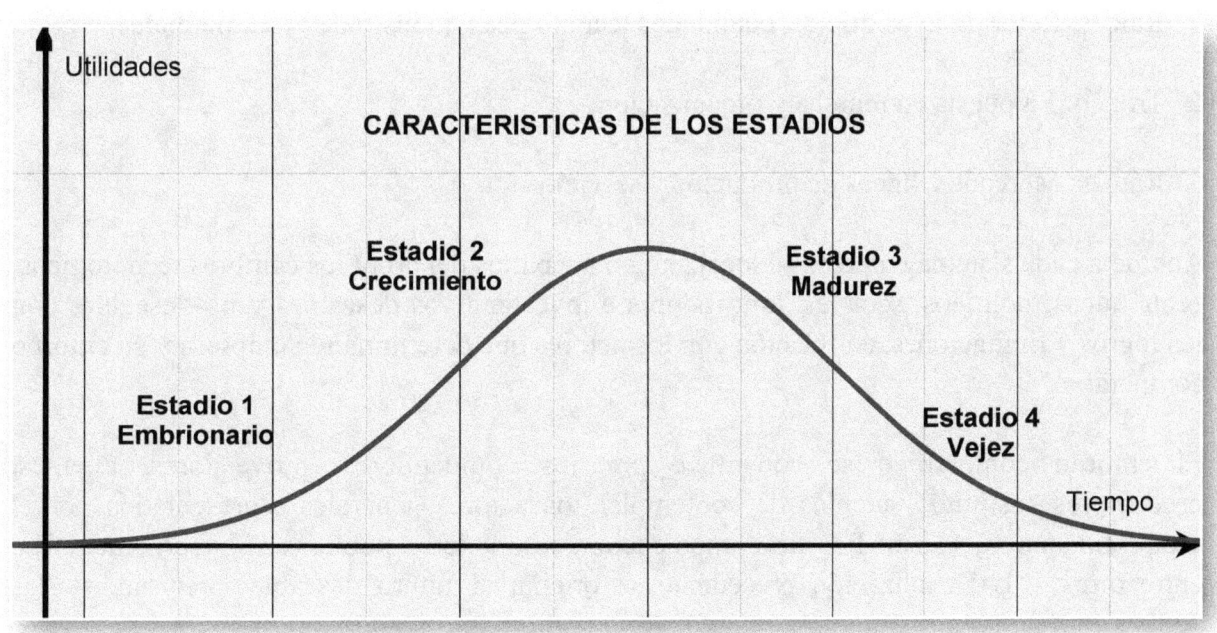

ARBOL DE COMPETENCIAS

Las competencias se orientan prospectivamente a las actividades que conforman el sistema empresa en su composición interna de productos - mercadotecnia, organizativa, financiera, tecnológica e investigativa, interrelacionada con el entorno estratégico, en donde se asigna al personal, oficios acorde a los fines de la organización.

Las competencias constituyen entonces las capacidades empresariales reflejadas en el conjunto de conocimientos, aptitudes, actitudes, habilidades y destrezas que cada persona de la organización debe mostrar en su conducta observable de acciones que le califican como capaz, para desarrollar un determinado oficio con productividad, competitividad, eficacia y eficiencia en torno a las objetivos predeterminados y asignados a cada hombre o mujer en la empresa.

El concepto de árbol de competencias pasado, presente y futuro fue creado por Marc Giget, con destino a la reflexión estratégica de las empresas, donde la empresa debe verse como un árbol de competencias sin reducirse sólo a los productos y mercados.

El árbol de competencias es otro instrumento de análisis y evaluación estratégica, que se ocupa de la cuantificación de las cualidades tecnológicas, industriales y comerciales de la empresa, en procura de visualizar colectivamente la realidad empresarial de frente al futuro deseado, teniendo en cuenta su historia en el pasado y su situación actual.

En referencia a las actividades, los oficios se constituyen por un conjunto de aptitudes y conocimientos técnicos, humanos, organizativos y financieros, con dominio relativo en el segmento estratégico o actividad asignada; El árbol de competencias se construye con los siguientes lineamientos:

* Raíces: Referido a los oficios, cualidades tecnológicas, industriales y comerciales.

* Tronco: La puesta en marcha y organización.

* Ramas: Mercados, líneas de productos y servicios.

Acorde a cada sistema empresa se localizan en las partes del árbol los cambios tecnológicos, económicos, políticos, sociales, innovadores e investigativos deseables y no deseables con los logros y limitaciones, en relación con los actores que determinan la empresa y su entorno competitivo.

El entorno competitivo se constituye por los competidores, proveedores, clientes, productores sustitutos, además de contemplar los actores generales representados por el sector financiero, los medios de comunicación, los poderes públicos y gubernamentales, entre otros. La localización precedente se orienta al futuro deseable, precisando las funciones a mantener, desarrollar, o abandonar teniendo en cuenta que la dinámica del árbol de competencias funciona de las raíces a las ramas y viceversa, situación que se ilustra:

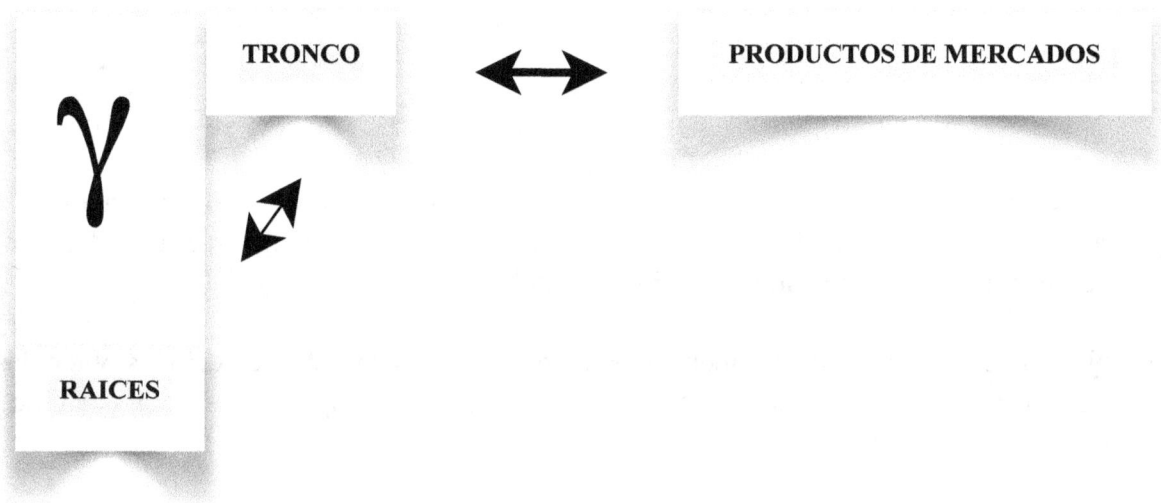

Se observa que el árbol de competencias dispone visualmente una radiografía del sistema empresarial, donde la reflexión prospectiva pasa a la acción estratégica, en procesos que se identifican con escenarios, permitiendo desde dos perspectivas diferentes estudiar el objeto empresarial con prioridades comunes en las siguientes etapas:

- Formular un diagnóstico estratégico.
- Identificar las variables clave y gestores de cambio.
- Definir la estrategia de los actores a su interior y entorno estratégico para formular hipótesis probables.
- Construir los escenarios posibles para seleccionar los más probables.
- Definir y evaluar opciones estratégicas para definir el proyecto de empresa en el futuro deseado junto con la logística diseñada para alcanzarlo.
- Ejecución, seguimiento y control del posicionamiento estratégico elegido, previa aprobación del mismo, hacia las acciones planeadas.

ARBOLES TECNOLÓGICOS

Los arboles tecnológicos son herramientas de análisis en el contexto de innovación e investigación, generalmente, como expresión que comunica la actividad de empresa. Su gráfica carece del tronco dando relación directa de las raíces a las ramas en el desarrollo tecnológico, donde la innovación se constituye en un recurso estratégico, para mejorar la posición competitiva de la empresa.

Al análisis de las herramientas de posicionamiento estratégico, se observa en común la precedencia de las estrategias definidas como resultantes de la gestión empresarial prospectiva, para soportar en ella las investigaciones e innovaciones en los subsistemas relevantes a la sinergia esperada en la excelencia tecnológica.

ARBOLES DE PERTINENCIA

Los árboles de pertinencia se orientan a procesos de decisión en los escenarios más probables, seleccionando las acciones a seguir o desechar, teniendo control del riesgo resultante en la reducción posible de la incertidumbre.

El objetivo de los árboles de pertinencia es racionalizar la selección de acciones obtenidas a partir de las opciones estratégicas en función de los objetivos empresariales, con el ánimo de estructurar los objetivos, medios y acciones en los procesos de decisión.

Los árboles de pertinencia se representan gráficamente en un diagrama arboral, con diferentes niveles que corresponden a objetivos más específicos en el sistema de decisión, manteniendo la jerarquía cualitativa del problema.

Estos utilizan el proceso deductivo e inductivo, donde el proceso deductivo parte de lo general a lo particular, desde las opciones estratégicas en metas, objetivos y medios hasta las acciones; e inductivo de las acciones aceptadas hacia los medios, para definir la elección concreta de objetivos y acciones a considerar; normalmente se representa en más o menos 5 niveles, donde a cada arista se le denomina pertinencia.

En la construcción del árbol de pertinencia se cumple los siguientes requerimientos:

- No existe nexo entre nudos de un mismo nivel implicando independencia horizontal.
- No existe nexo directo entre nudos de dos niveles NO sucesivos.
- Hay que equilibrar el cumplimiento de los niveles, de manera que lo que se pierde en generalidad se gana en variedad.

Los árboles de pertinencia utilizan dos enfoques:

- Ascendente ó inductivo: Parte de acciones hacia objetivos
- Descendente o deductivo: parte de objetivos hacia acciones.

Esquemáticamente se ilustran sus componentes principales con la siguiente gráfica N°. 7. ARBOL DE PERTINENCIA APLICADO A OPCIONES ESTRATEGICAS, referida a la pertinencia de una opción estratégica que representara en su objeto conceptual un objetivo con las respectivas normatividades para el proceso en la toma de decisiones.

GRAFICA Nº. 7. ARBOL DE PERTINENCIA APLICADO A OPCIONES ESTRATEGICAS.

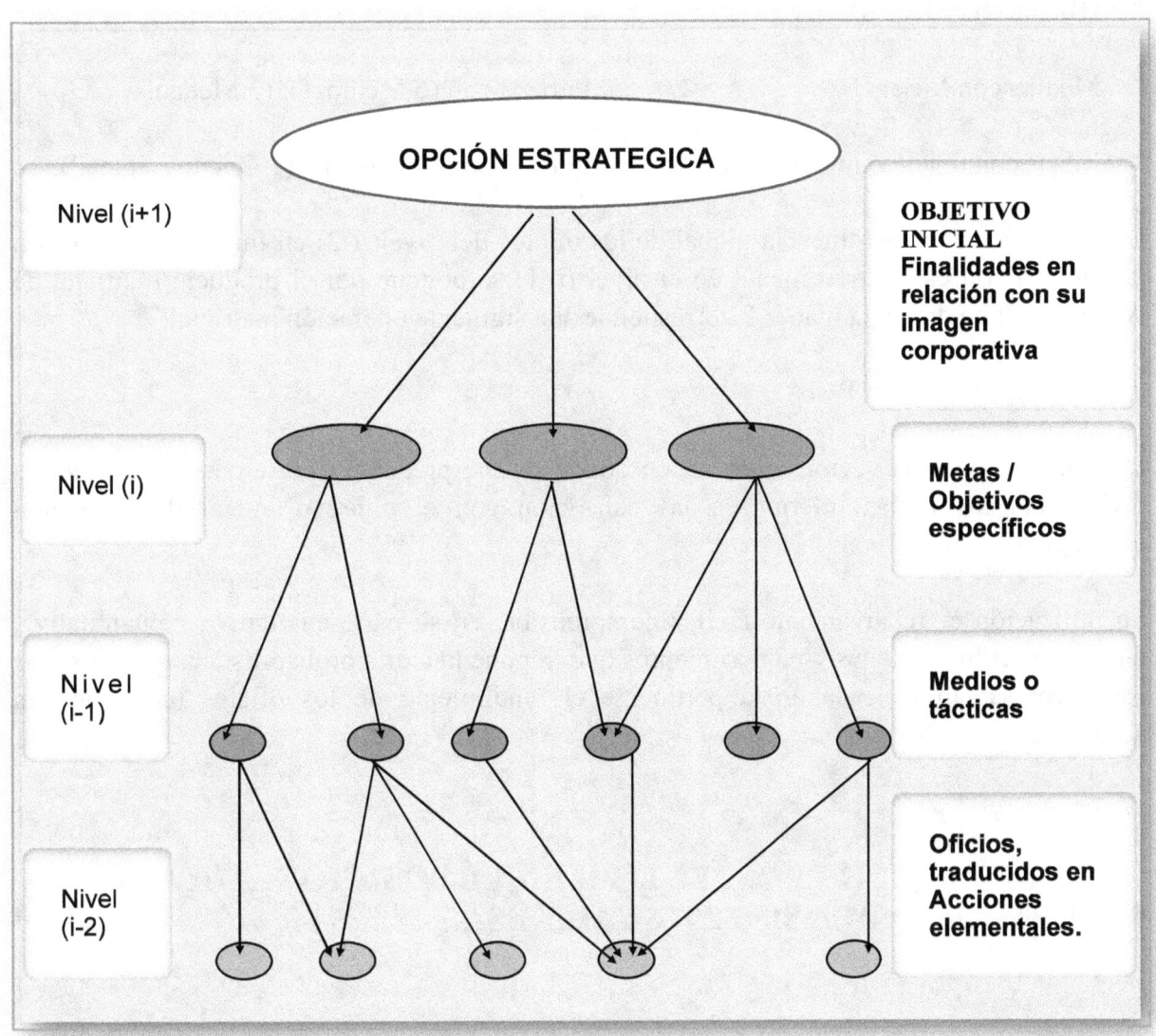

FUENTE: Fuentes, Alix.

La finalidad de racionalizar la selección de acciones se logra jerarquizando caminos de decisión, acorde al grado de aportes de las acciones al objetivo inicial. Estos aportes se cuantifican probabilísticamente, para descubrir mediante un cálculo matricial, las vías más pertinentes, para lograr en las mejores condiciones los objetivos planteados. Como ejemplo se ilustra en referencia a la gráfica Nº.7 anterior el siguiente análisis:

Si número de elementos del nivel (i+1) = 1 ⇨ Objetivo inicial opción estratégica.
Si número de elementos del nivel (i) = 3 ⇨ Metas / objetivos específicos.
Si número de elementos del nivel (i-1) = 6 ⇨ Medios o tácticas.
Si número de elementos del nivel (i-2) = 5 ⇨ Oficios.

Entonces atendiendo los requerimientos para la multiplicación de matrices, se conforman 4 matrices mediante la siguiente construcción:

- Oficios con Medios: A_{5x6} ⇨ Matriz A con (5 oficios) x (6 medios).

- Medios con Metas: B_{6x3} ⇨ Matriz B con (6 Medios) x (3 Metas).

- Metas con objetivo inicial: C_{3x1} ⇨ Matriz C con (3 metas) x (1 Objetivo inicial).

La evaluación de la pertinencia global de los oficios del nivel(i-2) en función de la opción estratégica con el objetivo inicial en el nivel (i+1) se obtiene por el producto matricial de AxBxC = P; en donde la matriz P corresponde a la siguiente operación matricial:

A_{5x6} x B_{6x3} x C_{3x1} = P_{5x1}.

La matriz P_{5x1} es un vector columna, en donde se interpretan el aporte cuantitativo de los oficios del nivel más inferior en la realización con el objetivo inicial de la opción estratégica.

Su utilización es relativamente fácil y comprensible en su parte cualitativa y cuantitativa, dentro de las limitaciones y requerimientos que impone la teoría probabilística, que para este caso representan en cada arista pertinente el rendimiento de los oficios traducidos en acciones.

EL DIAGNOSTICO PROSPECTIVO EN EL POSICIONAMIENTO ESTRATEGICO DEL SISTEMA EMPRESA.

El sistema empresa comienza su posicionamiento estratégico en su entorno competitivo en la medida que logra interrelacionar y manejar prospectivamente el diagnóstico interno empresarial identificando sus fortalezas y debilidades, junto con el diagnostico externo en la identificación y gestión de las amenazas y oportunidades del entorno estratégico.

Con los datos e información obtenidos en esta primera parte se procede a prospectar las estrategias posibles que permiten identificar y evaluar opciones estratégicas en procura de plantear diferentes escenarios futuros de ventaja competitiva para la empresa.

El posicionamiento estratégico utiliza variados métodos de análisis, con cobertura en desarrollos de variados autores, quienes atienden en común la manera de obtener la posición competitiva y el valor agregado en cada uno de los segmentos estratégicos asignados a la empresa. En este sentido se referencian diferentes autores con valiosos aportes, de los cuáles se consideran algunos a continuación.

EL METODO DEL BCG "BOSTON CONSULTING GROUP"

El método del BCG determina a la matriz BCG de una parte, con la cuota de mercado relativa como un buen indicador de la posición competitiva en un segmento estratégico, representado éste en el eje de las **x** con representación gráfica del comportamiento débil o fuerte; y de otra parte, representa gráficamente en el eje de las **y** el indicador de la tasa de crecimiento en el mercado relacionada con el ciclo de vida del producto evaluado en el comportamiento débil o fuerte.

Con esta información se construye la matriz con la asignación estrella, dilema, vaca lechera y pesos muertos, conforme se muestra en la siguiente gráfica.

GRAFICA N°. 8. "REPRESENTACION MATRICIAL DEL PORTAFOLIO DE ACTIVIDADES: METODO BCG."

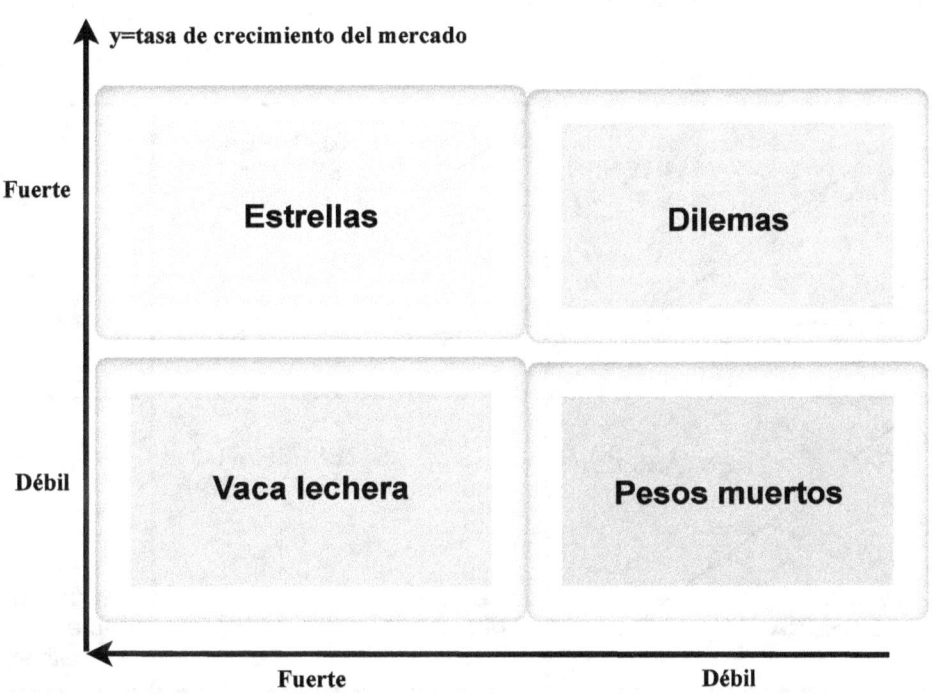

FUENTE: GODET, Michel[8].

LA MATRIZ BCG "BOSTON CONSULTING GROUP"

La matriz BCG es una tabla de doble entrada, en donde la primera entrada representa la cuota de mercado relativa que expresa la participación en el mercado, versus, la segunda entrada que representa la tasa de crecimiento del mercado que expresa el crecimiento de la demanda.

---

[8] GODET, Michel. *DE LA ANTICIPACION A LA ACCION. MANUAL DE PROSPECTIVA Y ESTRATEGIA. Editorial Alfa Omega. 1999. Pagina 267.*

La interpretación de la matriz BCG se hace en referencia a los siguientes parámetros y se ilustra con el portafolio de actividades y reglas estratégicas como sigue.

- Para la interpretación de fila, se califica en fuerte o débil en referencia al parámetro de la cuota de mercado del competidor más representativo.

- Para la interpretación en columna, se califica en débil o fuerte en referencia a la tasa de crecimiento del mercado definido en el segmento estratégico estudiado.

GRAFICA N°. 9. MATRIZ BCG CON EL PORTAFOLIO DE ACTIVIDADES Y REGLAS ESTRATEGICAS

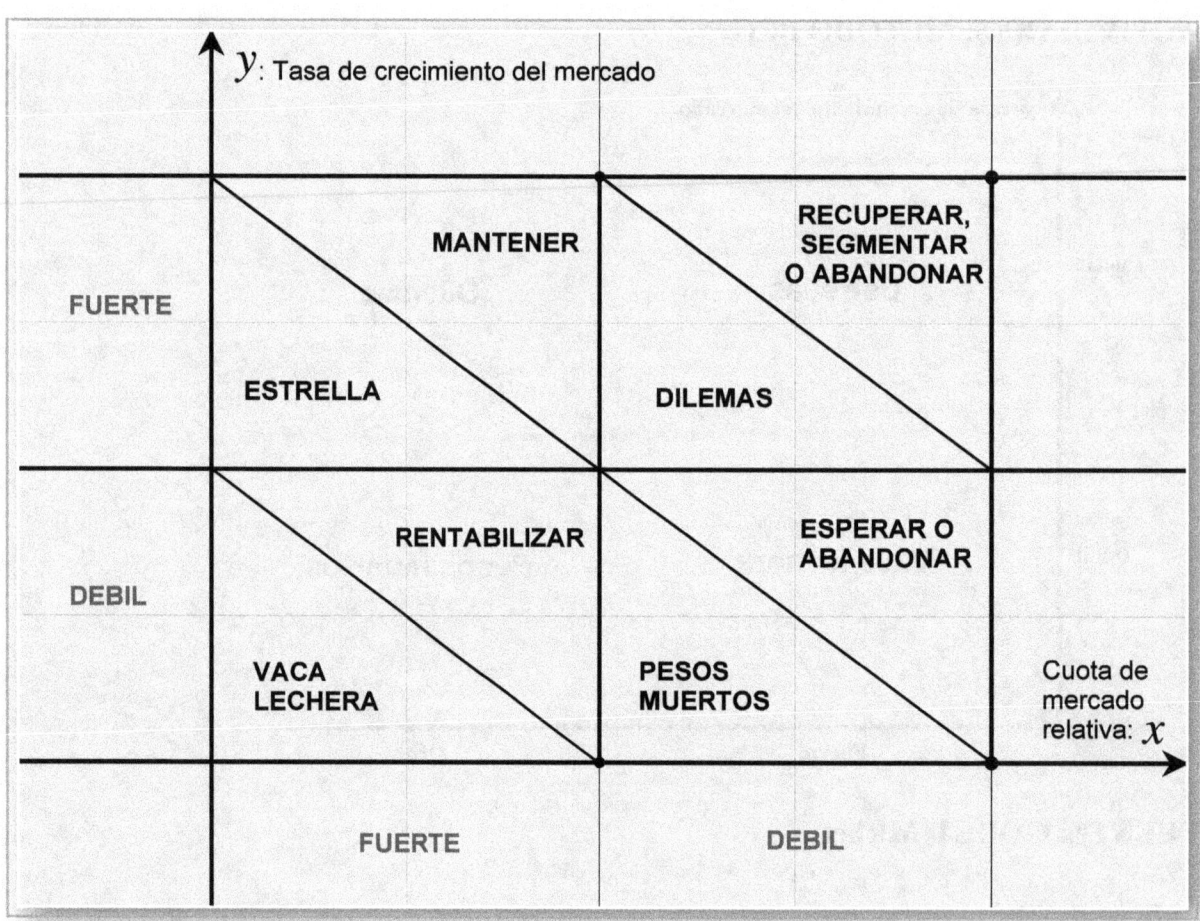

Los dos criterios definidos con la tasa de crecimiento y la cuota de mercado relativa generan la matriz anterior que representa el portafolio de actividades del método BCG versus la posición de la empresa en relación con su entorno competitivo, en procura de un portafolio equilibrado con respecto a las debilidades y/o fortalezas estratégicas de la empresa.

El objetivo de este planteamiento es mantener el equilibrio en el portafolio de la empresa y tener información suficiente y necesario del portafolio de productos de los competidores.

La matriz BCG se implementó por sus consultores en los años 1983 y 1984 con los estudios del efecto experiencia mostrando que el costo unitario de fabricación de un producto disminuye en un porcentaje entre el 20% y el 30% cada vez que se dobla la producción acumulada.

Se destaca que el efecto experiencia debe buscarse en el caso particular de actividades en las que el volumen de producción sea una ventaja competitiva determinante y las posibilidades de diferenciación sean limitadas.

Al cruzar los dos criterios precedentes de ventaja competitiva y posibilidades de diferenciación se genera una nueva matriz con las actividades de los sistemas competitivos del BCG, estos comportamientos se muestran en la siguiente gráfica.

GRAFICA Nº. 10. MATRIZ DE LOS NUEVOS SISTEMAS COMPETITIVOS DEL BCG

FUENTES DE DIFERENCIACION \ VENTAJA COMPETITIVA Y ACTIVIDADES	DEBIL	ELEVADA
MULTIPLE	MARGENES Y COMPETIDORES INESTABLES ACTIVIDAD FRAGMENTADA	MUCHOS COMPETIDORES RENTABILIDAD INESTABLE ACTIVIDAD ESPECIALIZACION
LIMITADA	MUCHOS COMPETIDORES POCO RENTABLE ACTIVIDAD ESTANCAMIENTO	POCOS COMPETIDORES MUY RENTABLE ACTIVIDAD VOLUMEN

En consecuencia, el método del BCG expresa la complejidad competitiva desde la prospectiva de la cuota de mercado relativa que mide y explica la competitividad en el contexto de la competencia y la cuota en la tasa de crecimiento del mercado.

LA MATRIZ G.E. "GENERAL ELECTRIC"

La matriz General Electric prospecta un enfoque estratégico de la empresa con dos criterios definidos por la posición competitiva con las fortalezas y debilidades frente al nivel de atracción del mercado con las oportunidades y amenazas.

La matriz G.E., está construida en una tabla de doble entrada con el primer criterio expresado con la variable fortaleza de la empresa en la valoración fuerte, media y débil; y el segundo criterio definido con la variable atracción del mercado en las valoraciones alto, medio y bajo.

La posición estratégica de la empresa en función de estos dos criterios genera nueve opciones estratégicas con la siguiente interpretación estratégica:

- Si la atracción del mercado es alto y la fortaleza de la empresa es fuerte entonces la empresa debe expandirse. Esta posición fuerte atrae la inversión de la empresa.
- Si la atracción del mercado es alto y la fortaleza de la empresa es media entonces la empresa debe innovar en nuevos productos con selectiva inversión por parte de la empresa.
- Si la atracción del mercado es alto y la fortaleza de la empresa es débil entonces la empresa debe reestructurarse para mejorar la posición competitiva mediante estrategias de desarrollo.
- Si la atracción del mercado es medio y la fortaleza de la empresa es fuerte entonces la empresa debe innovar en el mercado con inversiones selectivas por parte de la empresa.
- Si la atracción del mercado es medio y la fortaleza de la empresa es media entonces la empresa debe diversificar, observando una posición ligeramente favorable o ventajosa.
- Si la atracción del mercado es medio y la fortaleza de la empresa es débil entonces la empresa debe liquidarse, porque es una posición relativamente atractiva que implica implementar estrategias en el mediano plazo si el porcentaje de las ventas es considerable mientras se intenta recuperar en el corto plazo las inversiones realizadas, pero si el nivel de ventas es bajo se recomienda abandonar.
- Si la atracción del mercado es bajo y la fortaleza de la empresa es fuerte entonces la empresa debe diversificar, observando una posición ligeramente favorable o ventajosa.
- Si la atracción del mercado es bajo y la fortaleza de la empresa es media entonces la empresa debe liquidarse, porque es una posición no atractiva que implica implementar estrategias de abandono mientras se intenta recuperar en el corto plazo las inversiones realizadas.
- Si la atracción del mercado es bajo y la fortaleza de la empresa es débil entonces la empresa debe liquidarse, porque es una posición débil que implica implementar estrategias de abandono mientras se intenta recuperar en el corto plazo las inversiones realizadas.

Con los precedentes lineamientos se construye la matriz G.E., conforme se muestra en la siguiente gráfica.

GRAFICA Nº. 11. MATRIZ G.E "GENERAL ELECTRIC"

FORTALEZA DE LA EMPRESA ATRACCION DEL MERCADO	FUERTE	MEDIA	DEBIL
ALTO	EXPANDIR	INNOVAR EN EL PRODUCTO	REESTRUCTURAR
MEDIO	INNOVAR EN EL MERCADO	DIVERSIFICAR	LIQUIDAR
BAJO	DIVERSIFICAR	LIQUIDAR	LIQUIDAR

MATRIZ "ARTHUR D. LITTLE": MATRIZ ADL.

Los consultores de ADL, obtienen la representación matricial al cruzar dos criterios referido el primero a la madurez del sector y el segundo a la posición competitiva de la empresa.

El método ADL complementa al método BCG más allá del criterio de cuota de mercado relativo, incluyendo otros criterios para determinar el posicionamiento estratégico. Estos criterios abordan la complejidad del mercado con el concepto de madurez del sector, posición competitiva en cada actividad, con factores de aprovisionamiento, productividad, comercialización, financieros, tecnológicos y de sistemas de información.

En este contexto la prospectiva empresarial buscará reducir la incertidumbre del futuro empresarial evaluando la variable de posición competitiva en función de los diferentes escenarios probables de la madurez del sector.

La representación matricial de ADL es obtenida al cruzar el criterio de madurez del sector con la posición competitiva. Este planteamiento es mostrado en la GRAFICA Nº. 12 con ilustración de las posiciones competitivas estratégicas con los criterios referidos como sigue:

- El criterio madurez del sector se refiere al ciclo de vida en las etapas de inicio, crecimiento, madurez y vejez.
- El criterio de posición competitiva en una actividad determinada de la empresa está valorado con un conjunto de variables que incluyen a la cuota de mercado relativa y explican la complejidad del mercado en la clasificación de posiciones competitivas estratégicas de dominante, fuerte, favorable, defendible y marginal.

En consecuencia, teniendo en cuenta las orientaciones de la investigación con desarrollo en la posición competitiva de la empresa y las nuevas tecnologías en la madurez del sector, se genera una nueva matriz ADL con la siguiente interpretación según fuente de ADL, como sigue.

GRAFICA N°. 12.   CLASIFICACION DE LAS POSICIONES COMPETITIVAS ESTRATEGICAS.

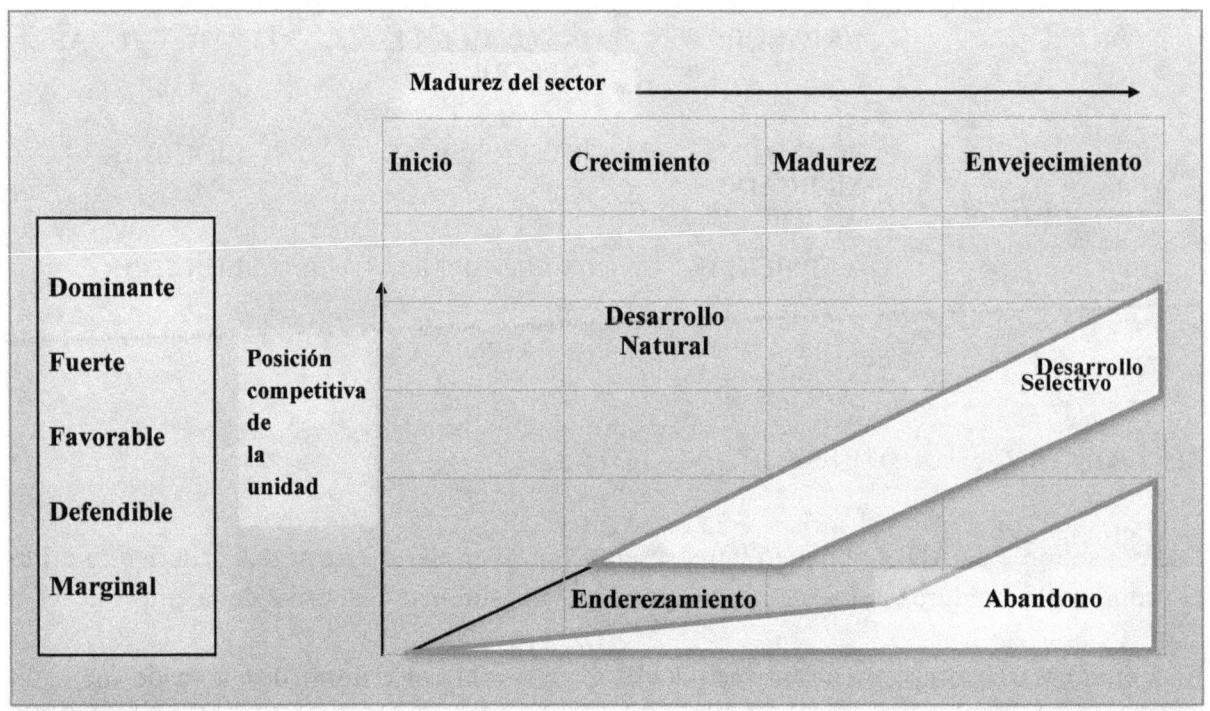

FUENTE: GODET, Michel[9].

REPRESENTACION MATRICIAL DE LAS ORIENTACIONES DE LA I + D: ADL.

Teniendo en cuenta las orientaciones de la investigación y desarrollo "I + D", y las nuevas tecnologías en la madurez del sector, se genera una nueva matriz que se muestra en la GRAFICA N°. 13, en referencia con los criterios de posición competitiva y madurez del sector.

En este contexto, las consecuencias de la política de gestión de la investigación y desarrollo "I + D" propuesta por ADL, relacionan el ciclo de vida y la posición competitiva en los métodos de análisis de portafolio, como sigue.

---

[9] *GODET, Michel. DE LA ANTICIPACION A LA ACCION. MANUAL DE PROSPECTIVA Y ESTRATEGIA. Editorial Alfa Omega. 1999. PAGINA 273.*

GRAFICA Nº. 13. ORIENTACIONES "I + D" DE MADUREZ DEL SECTOR

		Inicio	Crecimiento	Madurez	Declive
Posición competitiva	Dominante	Acelerar investigación y desarrollo.	Identificar Nuevas tecnologías. Afinar calidad.	Iniciar Nuevas tecnologías. Vender licencia.	Activar la investigación y desarrollo.
	Fuerte	Estimular la investigación y el desarrollo.	Identificar Nuevas tecnologías. Calidad.	Identificar Nuevas tecnologías. Vender licencia.	Iniciar Nuevas tecnologías.
	Defendible	Compra de licencia.	Subtratamiento	Nada	Nada
	Débil	Compra de licencia.	Subtratamiento		

FUENTE: GODET, Michel[10].

La mayoría de las herramientas de gestión prospectiva están construidas con la información en tiempos pasado y presente del entorno estratégico, requiriendo por parte de los analistas la inclusión de escenarios posibles en la incertidumbre del futuro de corto, mediano y largo plazo mediante las herramientas prospectivas con el fin de obtener la información necesaria para anticiparse con los resultados de la investigación y desarrollo en el proceso de toma de decisiones gerenciales.

Elegir el futuro deseado en una empresa, es una necesidad diagnóstica, estratégica y prospectiva, para abordar las fortalezas y debilidades al interior del negocio versus las amenazas y oportunidades de su entorno, con miras a identificar y evaluar las opciones con procesos de decisión y métodos de elección en el futuro incierto, hacia nuevas perspectivas. Normalmente la incertidumbre futura, se trata de compensar con el análisis de tendencias que evalúan comportamientos pasados y presentes en condiciones que suponen las mismas variables y relaciones que lo determinaron, incluyendo algunas veces sensibilizaciones con

---

[10] *GODET, Michel. DE LA ANTICIPACION A LA ACCION. MANUAL DE PROSPECTIVA Y ESTRATEGIA. Editorial Alfa Omega. 1999. Pagina 274.*

cambios controlados en las variables que lo conforman; sin embargo estas posibilidades en el campo probabilístico siguen teniendo opción de fallo o éxito, donde la ocurrencia del mismo estaría considerando un comportamiento con proyección a partir del pasado, que en contraste, se puede abordar en el contexto prospectivo diseñando futuribles deseables independientes de su valor histórico y con opciones de rupturas paradigmáticas hacia nuevos esquemas mentales que diversifiquen las opciones alternativas en el desarrollo empresarial.

En este sentido es factible encontrar procesos de elección en el futuro incierto con el análisis de métodos de Cash – flow o de optimización maximin y mínimax, entre otros, con la presencia de criterios múltiples hacia funciones económicas o criterio que identifican a los responsables de la decisión con las consecuencias generadas de sus supuestos, para traducir alternativas con decisiones que posibiliten a favor de una acción, varias acciones o todas las acciones posibles.

Un proceso multicriterio busca definir juicios comparativos en referencia al espacio poblacional de escenarios, construidos cada uno con las combinaciones posibles de ocurrencia o no ocurrencia de las hipótesis planteadas sobre el futuro deseable, con el objeto de identificar las acciones y criterios de decisión, valorizar los criterios a desarrollar, analizar y evaluar las alternativas, para finalmente elegir las opciones resultantes, con los requerimientos necesarios hacia la puesta en práctica desde el presente, y con ello definir las estrategias y tácticas que posibiliten desde hoy abordar el futuro diseñado.

La elección multicriterio de las acciones estratégicas fija en el futuro deseado los objetivos seleccionados y a la vez formula los medios para accederlos con tácticas que lo operacionalicen, teniendo en cuenta las decisiones estratégicas, administrativas y funcionales frente a los postulados de la libertad, poder y decisión que posea el grupo investigador o directivo de la Compañía. El proceso de evaluación cualitativa de las múltiples acciones de cada criterio, es obtenido principalmente de un grupo directivo e investigativo de actores, que se reúnen para recibir en lluvia de ideas, reflexiones que profundizan teorizaciones, métodos y prácticas, donde la creatividad conduce a modelos con una visión responsable, global y diferente en el ver, sentir y construir el devenir esperado.

De este análisis es importante precisar que en la elección bajo incertidumbre es determinante la orientación psicológica con probabilidad subjetiva del tomador de decisiones, razón por la cual se recomiendan sesiones entre expertos académicos e investigativos y expertos experienciales no académicos, para obtener del brain-storming más posibilidades sobre futuros elegibles, opciones que a nivel empresarial potencian capitalizar todo el recurso humano, con las características de equipo que incluyan habilidades complementarias, comprometidas con un propósito común con metas de desempeño y con propuestas por las que se consideren responsables, hacia la meta de construir en el largo plazo el diseño de escenarios deseables, con decisiones estratégicas viables, para obtener de su evaluación la elección final, fundamento para la ejecución y práctica de las acciones.

Capítulo 3: CONTROLES Y AUDITORIA AL SISTEMA EMPRESARIAL

CAPITULO 3.

CONTROLES Y AUDITORIA AL SISTEMA EMPRESARIAL

Sección 1. CONTROL INTERNO Y AUDITORIA

GENERALIDADES

Los controles del sistema empresarial propenden por el logro exitoso de sus operaciones, metas y objetivos propuestos en el sistema empresa, reduciendo los riesgos mediante la función de pertenencia que vincula a todos los miembros de la organización con foco en prever, detectar, corregir los errores en procura de hacer bien el trabajo con tendencia a la excelencia.

El proceso de control interno y de auditoria en el sistema empresarial debe ser aplicable en las entradas, operaciones, resultados y feed back del sistema, a fin de evaluar su comportamiento con la flexibilidad que propicia la estrategia previamente definida, sin perder el rumbo planeado prospectivamente, exigiendo la visión moderna del control, con acompañamientos programados, seguimientos comparativos en referencia a estándares, ratios y parámetros, según las necesidades empresariales en el contexto cuantitativo o cualitativo que se requiera en casa subsistema de la empresa.

El proceso de control tiene su mayor efectividad en las variables endógenas que identifican el sistema empresarial en su funcionamiento, operatividad, elementos, relaciones y las autonomías parciales que le competen a cada subsistema como un todo, en relación con sus componentes y la sinergia del sistema. Sin embargo el control posible en las variables exógenas al sistema empresarial es un reto prospectivo con sistemas de información eficientes, para la toma de decisiones hacia la anticipación en las acciones empresariales.

El control determina la capacidad de ejercer restricciones o influencias directas sobre una situación o evento, incrementando la probabilidad de eventos deseables y evitando los eventos no deseables. La forma de ejercer el control debe encausarse en acciones de apoyo a la gestión estratégica en las etapas preventivas, detectivas, correctivas y atenta a las dificultades, para ofrecer soluciones oportunas y efectivas, iniciando al interior del proceso administrativo con la gestión empresarial en las funciones de planeación, organización, dirección, integración, control y auditoría.

El control de gestión estratégica debe operar en el nivel operativo, táctico y estratégico en la toma de decisiones, y en los niveles transaccional u operativo, gerencial y estratégico de los sistemas de información y comunicaciones de la empresa. Esto es, con controles operativos a corto plazo en la administración operativa aplicando la supervisión, estándares de desempeño y planillas de control; así mismo con controles de gestión a mediano plazo en la administración de gestión mediante un sistema de control interno; y finalmente con controles estratégicos a largo plazo en la dirección, junta directiva y gerencia general, mediante la elaboración, desarrollo y seguimiento al presupuesto de la empresa.

La auditoría del sistema empresarial complementa la gestión del sistema de control, con desarrollo e investigación a nivel gerencial como función asesora de la alta gerencia y prospectiva con anticipación a los resultados del sistema empresa.

En este contexto se apropia con independencia de criterio de las acciones empresariales, con auditaje antes, durante y después de la ejecución de los procesos en el sistema empresarial, para emitir como resultado a través de papeles de trabajo, su visión y concepto de carácter independiente con soporte en el examen y evaluación de los hechos, objeto de su auditoría, junto con las recomendaciones sugeridas al respecto.

La Auditoria en general puede expresarse desde variados puntos de vista, veamos una apreciación desde el enfoque tradicional:

"tradicionalmente el concepto de Auditoría se ha venido entendiendo como una actividad profesional apoyada en una serie de normas, técnicas y procedimientos, nacidos del ejercicio práctico, con el objeto de examinar y evaluar los estados financieros de las organizaciones, para emitir una opinión independiente sobre la respectiva razonabilidad financiera, los resultados de las operaciones, las fuentes y usos de los fondos y el flujo de efectivo a una fecha determinada"[11]; a este respecto es importante resaltar que el campo de trabajo del auditor va mas allá de los estados de resultados, con injerencia en general en todo el sistema empresarial con la auditoría de gestión y la auditoría operacional.

La auditoría se ubica en el organigrama del sistema empresarial a nivel staff, con canales de comunicación directos con la alta dirección, gerencia y junta directiva de la organización, donde su función asesora le asegura la independencia de su gestión, aun en el caso de que el auditor actué como auditor interno donde sus funciones deben ser independientes del sistema de control del sistema empresarial, de manera que su ejercicio en la independencia, objetividad y evidencia operan de similar forma en sus actuaciones como auditor externo o interno.

SISTEMA DE CONTROL INTERNO

El sistema de control interno es totalizante y está adherido con las operaciones en su concepto, objetivo, elementos y métodos de evaluación.

En consecuencia el sistema de control interno, se constituye en un plan de organización que incluye todos los sistemas, métodos y procedimientos adoptados por una organización con el objeto de proteger los activos, patrimonio y pasivos, generando información confiable, veraz,

---

[11] PINILLA, *José Dagoberto*. *AUDITORÍA INFORMÁTICA*. *Editorial Presencia Ltda. 1992. PAGINA 36.*

integra y verificable, con el compromiso de todo el personal de la empresa al cumplimiento de las políticas, metas y objetivos con eficiencia operacional y funcional, economicidad, efectividad y productividad del sistema empresarial prospectivo.

Los elementos del sistema de control interno incluyen, entre otros, para el modelo del plan estratégico los siguientes aspectos:

- Misión, metas, objetivos, políticas y principios.
- Estructura organizacional con la definición de un organigrama funcional, operativo y financiero.
- Definir explícitamente un manual de funciones y procedimientos total a la compañía, con acciones directas a cada oficio en la vocación de la empresa.
- Conformar un sistema de reportes confiable, oportuno y veraz.
- Tener una planta de personal competente necesaria y suficiente para el giro normal de negocio, con apertura a espacios para las nuevas tecnologías, la innovación, la investigación y el desarrollo.
- Realizar un sistema de seguridad, higiene y manejo ecológico al interior y exterior de la empresa.
- Diseñar un sistema de auditoria efectiva interna con revisoría fiscal a toda la organización con particular atención al sistema de ventas y mercadeo, disponible, cartera, finanzas, personal y con auditorías externas a los casos que se ameritan.

AUDITORIA DEL SISTEMA EMPRESARIAL

La auditoria del sistema empresarial opera como un proceso de investigación hacia el examen y evaluación de una determinada realidad, en procura de emitir una opinión independiente en la óptica de asesorar la alta dirección, para asegurar el éxito en la prospectiva de la misión empresarial con una gestión estratégica a la medida de los fines dispuestos en los objetivos, metas, planes y programas empresariales, con el propósito de diagnosticar un ser y un deber ser, en términos de control, y autocontrol, en donde es importante tener en cuenta que la auditoria tiene dimensión preventiva y detectiva, pero no tiene función correctiva.

La filosofía de la auditoría considera que el auditor debe cumplir una función asesora de naturaleza evaluativa con el concepto de independencia y objetividad a la evidencia en el marco de una conducta ética.

En la naturaleza evaluativa el auditor debe evaluar las normas de control interno e identificar las áreas críticas; en la objetividad y evidencia debe levantar información suficiente y competente respaldada en la evidencia con acciones y soportes en los papeles de trabajo, reportes, reuniones y recomendaciones.

CLASIFICACION DE LA AUDITORIA

En general la auditoria se clasifica en auditoría operacional, y auditoría de gestión principalmente.

AUDITORIA OPERACIONAL

La auditoría operacional tiene como objeto audible el proceso administrativo y de las operaciones del sistema empresarial.

Las operaciones están comprendidas entre otros, en la auditoría contable y financiera, la auditoría tributaria y de impuestos, de innovación tecnológica, la auditoría de la investigación y desarrollo, la auditoria administrativa, junto con la auditoria en la generación de nuevos proyectos e innovaciones para el sistema empresa.

La auditoría operacional se clasifica desde tres puntos de vista fundamentales:

- **MODALIDAD DEL NOMBRAMIENTO DEL AUDITOR**, determinada por auditoria externa, si el servicio es prestado por personal externo a la organización; por una auditoria interna si el servicio es prestado por personal de la organización.

- **ALCANCE DEL TRABAJO**, determina una auditoria parcial si opera sobre un área determinada; ó determina una auditoria total si opera en todas las áreas de la organización.

- **PERIODICIDAD**, relaciona a un espacio temporal si la auditoria externa atiende circunstancias y periodos determinados; ó relaciona un comportamiento continuo si la auditoria interna atiende sin interrupciones de tiempo toda la organización.

AUDITORIA DE GESTION

La auditoría de gestión audita desde la prospectiva gerencial los recursos humanos, financieros, tecnológicos, productivos y mercadotécnicos del sistema de prospección empresarial con la respectiva transformación de la gestión en resultados de productos y o servicios.

Po consiguiente el objeto audible de la auditoría de gestión es el control prospectivo táctico y estratégico de la empresa con desarrollos a partir de la alta dirección empresarial y con manejos directivos del sistema de control interno del sistema empresarial que tienen cobertura con la auditoría informática en todos los niveles de la organización.

La auditoría de gestión involucra a la gerencia en la auditoría de la gestión prospectiva para el posicionamiento estratégico del sistema empresa con auditajes estructurados en la organización y procedimientos del sistema de control interno de la empresa teniendo en cuenta el desarrollo de normas de actuación, medición de resultados, corrección de deficiencias y fortalecimiento de las interrelaciones de control antes, durante y después en cada proceso entre todos los subsistemas del sistema empresa. En este orden, la auditoría informática tiene relevancia en la auditoría de gestión con el objeto auditable del sistema de control interno referido a las áreas sistematizadas y de sistemas de información físicos y virtuales.

La auditoría de gestión se normatiza de acuerdo con los siguientes aspectos:

- **NORMAS PERSONALES**, el auditor debe acreditar formación profesional y ética en las ciencias económicas; mantener actitud mental independiente y ejecutar el proceso de auditoria diligentemente.

- **NORMAS PARA LA EJECUCIÓN DEL TRABAJO**, el auditor debe aplicar la fundamentación teórica de los procesos administrativos a las actividades, evaluar el sistema de control interno identificando las áreas criticas para diseñar las pruebas y respaldar el informe mediante evidencias suficientes y necesarias.

- **NORMAS PARA PREPARACIÓN DE INFORMES**, el auditor debe observar que en la Gerencia se desarrolle en el marco de la gestión moderna; que la explotación de recursos se haga con base en los conceptos económicos de eficiencia y efectividad; que el sistema de control interno asegure la confiabilidad en los resultados y determinar en las áreas criticas que requieran las implementaciones en materia de control interno, formulando recomendaciones pertinentes acompañadas de un estudio previo mediante papeles de trabajo en la relación costo beneficio de la empresa.

AUDITORIA INFORMATICA

La Auditoría Informática evalúa el área informática detectando errores y señalando fallas y aciertos, como función asesora de la alta dirección, para conducir a la Organización hacia la información correcta y oportuna, teniendo en cuenta seguridades controles, eficacia, eficiencia, confidencialidad e integridad. Por consiguiente la Auditoría Informática se ocupa de la verificación de los sistemas de información y de su funcionamiento con el objeto de determinar la confiabilidad que se le puede atribuir a la información producida, la eficiencia y eficacia en sus procesos.

La Auditoría Informática debe propender por garantizar la integridad y veracidad de la información; tener seguridades mínimas en el procesamiento de la información, previniendo manejos inadecuados, sobre todo, en el orden intencional; revisar que se cumplan adecuadamente las normas estandarizadas; registrar cambios y actualizar documentos; asegurar que los controles de acceso funcionen adecuadamente, dando uso adecuado a las claves de acceso; evaluar en términos de costo-beneficio las funciones de procedimiento electrónico de datos y la calidad de sus servicios; mejorar la calidad del procesamiento, entendido este en la parte manual y computarizada, buscando con ello la eficiencia del sistema de información; ofrecer asesoría oportuna y eficaz a la gerencia de la compañía.

En auditoría informática existen básicamente cuatro tipos:

- Alrededor del computador. En este proceso de auditoría se llega hasta la entrada y luego se retoma a la salida, comparando entradas con salidas.

- A través del computador. En este proceso el auditor sigue la pista los datos, los cuales generan registros y afectan archivos.

- Del computador. se audita no solo los procesos sino también los equipos, instalaciones y demás activos fijos relacionados, y que representan altos costos para la Empresa.

- Con el computador. desarrolla software o compra software específico para auditar.

En el análisis del sistema empresarial se debe hacer una investigación detallada del sistema teniendo respuesta objetiva como mínimo a los siguientes cuestionamientos:

Investigación detallada del sistema	Análisis del sistema empresarial
Qué se hace?	Por qué se hace?
Quién lo hace?	Por qué lo hace esa persona?
Cómo lo hace?	Por qué lo hace así?
Dónde lo hace?	Por qué lo hace en ese sitio?
Cuándo lo hace?	Por qué lo hace en ese momento?
Debe hacerse?	Por qué debe o no hacerse?

La auditoría informática debe ser aplicada cuando se haya realizado previamente la planeación estratégica de la empresa. Pero si no existe planeación estratégica empresarial, es posible realizar una planeación estratégica de informática que cubra todas las áreas de la organización, observando los diferentes procesos que en ella se ejecutan.

Sección 2. PARAMETROS DE MEDICION DE LA AUDITORIA OPERACIONAL

Los parámetros de medición más usuales de la auditoria operacional son la economicidad, eficiencia y productividad.

- **LA ECONOMICIDAD,** para efectos de auditoría operacional el concepto de economicidad se referencia con el acierto de la gestión estratégica en su proceso administrativo prospectivo con la adquisición de recursos e insumos necesarios en la producción de bienes y servicios, incluyendo en su análisis la relación costo-beneficio, control de calidad, manejo optimo del sistema de inventarios con prioridad a este caso en el punto de pedido, y optimo manejo del costo de oportunidad, plazos y descuentos.

- **EFICIENCIA,** orientada al rendimiento de efectivo sin desperdicio innecesario que se expresa en términos porcentuales con relación a un estándar de desempeño y como relación entre la productividad y un estándar de desempeño.

- **PRODUCTIVIDAD,** es la relación entre la cantidad de los bienes y servicios producidos y la cantidad de insumos o recursos usados en la producción

GRAFICA N°. 14. RAZONES DE EFICIENCIA Y PRODUCTIVIDAD EN AUDITORIA OPERACIONAL

$$\text{Eficiencia} = \frac{\text{Productividad} \times 100}{\text{Estándar de desempeño}} = x\,\%$$

$$\text{Productividad} = \frac{\text{Producción}}{\text{Insumos usados en la producción}}$$

$$\text{Productividad} = \frac{\text{Producción}}{(\text{Materiales} + \text{Mano obra directa} + \text{costos indirectos de fabricación} + \text{materias primas})}$$

FUENTE. PINILLA, José Dagoberto [12].

---

[12] *PINILLA, José Dagoberto. AUDITORÍA INFORMÁTICA. Editorial Presencia Ltda. 1992. PAGINA 65.*

Para ilustrar la eficiencia veamos el siguiente ejemplo:

EJEMPLO

Flor realiza cien ventas en cinco meses y Yazmin realiza cincuenta ventas en dos meses; sí la compañía define un estándar de veinte ventas por mes, se solicita hallar la productividad de Flor y Yazmin, la eficiencia de Flor y la eficiencia de Yazmin.

SOLUCIÓN:

La productividad de Flor = 100/5 = 20 ventas por mes.

Productividad de Yazmin = 50/2 = 25 ventas por mes.
Se analiza la gestión de ventas como el insumo para analizar el concepto de productividad:

$$\frac{\text{Productividad de Yazmin}}{\text{Productividad de Flor}} = \frac{25}{20} = 1.25$$

Para concluir que Yazmin alcanza una productividad del 25% por encima de Flor.

En consecuencia las eficiencias corresponden:

$$\text{Eficiencia de Flor} = \frac{20 \times 100}{20} = 100\%$$

$$\text{Eficiencia de Yazmin} = \frac{25 \times 100}{20} = 125\%$$

Para concluir que la productividad de Yazmin es positiva en un 25% indicando una eficiencia del 25%.

Sí, el resultado está por debajo del 100% entonces se interpreta como ineficiencia la diferencia faltante al 100%.

- **EFECTIVIDAD:** orientada al logro de los objetivos o metas programadas en el plan estratégico acordes a la misión del negocio.

- **ECONOMIA**: se enfoca en la operación empresarial en función del costo mínimo, esto es cuando se realiza oportunamente y con el menor esfuerzo posible en términos de costos hacer más con menos. Por ejemplo en la adquisición de insumos debe hacerse teniendo en cuenta la cantidad adecuada, la buena calidad, la oportunidad en la adquisición y los buenos precios; así mismo en la administración de insumos debe procurarse la protección física, seguridad y disponibilidad evitando pérdidas, obsolescencias y traumatismos en los procesos productivos. Una herramienta útil al respecto es el calculo del punto de equilibrio.

- **EQUIDAD**: se orienta a la justicia en la medición cuantitativa o cualitativa, fundamento esencial para construir los sistemas de información de la empresa.

METODOLOGÍA DE LA AUDITORIA OPERACIONAL

La metodología de la auditoria operacional considera según el Instituto Mexicano, tener en cuenta:

- **PRIMERA ETAPA DE FAMILIARIZACION.** En una primera etapa el estudio ambiental diagnostica sus áreas criticas, el estudio de la gestión administrativa determinando las características y posibles deficiencias de la gestión y la visita a las instalaciones identificando síntomas de problemas en las operaciones.

- **SEGUNDA ETAPA DE INVESTIGACION Y ANALISIS.** En la segunda etapa precisa los objetivos, analizando la información obtenida y examinando la documentación, para evaluar la eficiencia y efectividad de la operación mediante las técnicas de entrevista, evaluación de la gestión administrativa y examen de la documentación.

- **TERCERA ETAPA DE DIAGNOSTICO.** En la tercera etapa se realiza el resumen de los hallazgos de mayor relevancia, señalando la interpretación de ellos y reportando aquellos que sean indicios de futuras fallas de eficiencia, mediante los métodos siguientes:

Fase recreativa, en la cual se precisa si los problemas detectados son congruentes con la realidad.

Fase de re-verificación de hallazgos, donde se verifican los resultados de la fase creativa, para separar los hechos con mayor precisión de las interpretaciones.

Fase de elaboración del informe, donde se elabora el borrador del informe a ser implementado con los involucrados en el proceso, para luego presentar un diagnóstico definitivo.

Es importante precisar que un **hallazgo** es aquello que se encuentra en la empresa por la acción de la auditoria en materia de manejo administrativo, desempeño operativo y resultados de una gestión.

PREGUNTAS DE RECAPITULACION DEL SISTEMA EMPRESARIAL PROSPECTIVO

1. Cuáles características identifican a la empresa como un sistema abierto? Explique cada una de ellas.

2. Relacione cinco beneficios que encuentra Usted en la concepción de una empresa como un sistema?.

3. Aplique la conceptualización del sistema empresa a un caso particular.

4. Cuáles son los recursos básicos del sistema empresa?.

5. Identifique los recursos empresariales en la aplicación que Usted desarrolla.

6. Como se aplica la planeación estratégica y la planeación prospectiva en una empresa?.

7. Realice un bosquejo de gestión estratégica aplicada a una empresa de su preferencia. Explique su comportamiento.

8. Diseñe un plan de gestión estratégico que posibilite el rumbo de un negocio como soporte para construir el respectivo plan estratégico prospectivo.

9. Diseñe un plan estratégico general de una empresa e indique la metodología para llevarlo a cabo incluyendo los controles necesarios.

10. Haga un cuadro comparativo de las herramientas de gestión para el posicionamiento estratégico de la empresa, e indique en cada caso tres logros comunes y tres logros específicos en cada instrumento de análisis.

11. Como y donde aplica el control interno?.

12. La auditoría externa cuando es necesaria?.

13. Indique tres diferencias entre auditoría de gestión y auditoría operacional.

14. Del análisis previo en los resultados de los trece numerales, concluya en máximo 60 palabras que es la prospectiva de la gestión estratégica.

Anexo: SISTEMA EMPRESARIAL PROSPECTIVO

ANEXO
SISTEMA EMPRESARIAL PROSPECTIVO

APLICACIÓN GERENCIAL
SISTEMA EMPRESARIAL PROSPECTIVO
PROSPECTIVA DE GESTION

A continuación, se deja a consideración del lector un bosquejo que sintetiza algunos tópicos básicos en la gestión empresarial en prospectiva hacia la toma de decisiones gerenciales, para efectuar la administración directiva, con dominio en los procesos estratégicos, potenciando mejores resultados en la productividad, canales de comunicación y organización, en el contexto de la dinámica que ofrece el liderazgo, la iniciativa, la creatividad y la tendencia al logro en las operaciones y gestión prospectiva de los negocios.

SISTEMA EMPRESARIAL PROSPECTIVO

CAPITULO 1

SISTEMA EMPRESARIAL

- Recursos financieros.
- Recursos humanos.
- Recursos físicos.
- Recursos de información.

→ **GESTION EMPRESARIAL** → **Productos/servicios** → (retorna a Recursos)

CARACTERISTICAS DE LA EMPRESA COMO UN SISTEMA

NIGENTROPIA	Orden y Organización de la empresa
HOMEOSTASIS	Equilibrio de la Empresa
EQUIFINALIDAD	Varias maneras o rutas para llegar al mismo resultado

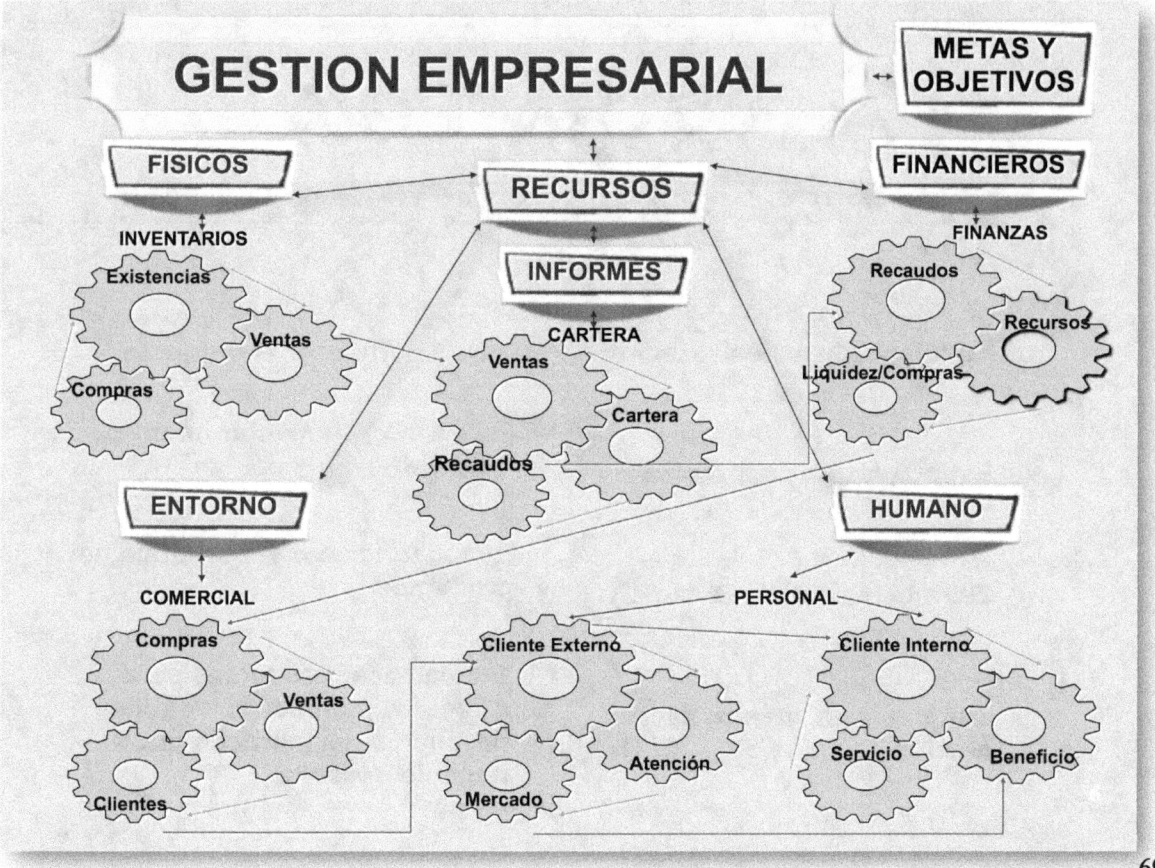

SISTEMA EMPRESARIAL

- SISTEMA ABIERTO → • MANTENERSE
- SUBSISTEMAS → • OBJETIVOS DE LA EMPRESA

ESTRATEGIA

Estrategia de especialización	Busca fortalecer el producto
Estrategias de Integración	Busca complementar un producto existente
Estrategia de diversificación	Busca fortalecer el portafolio de productos
Estrategia de adentro hacia afuera	Busca hacer productos para ofrecer al mercado o identifica productos del mercado que el negocio necesita

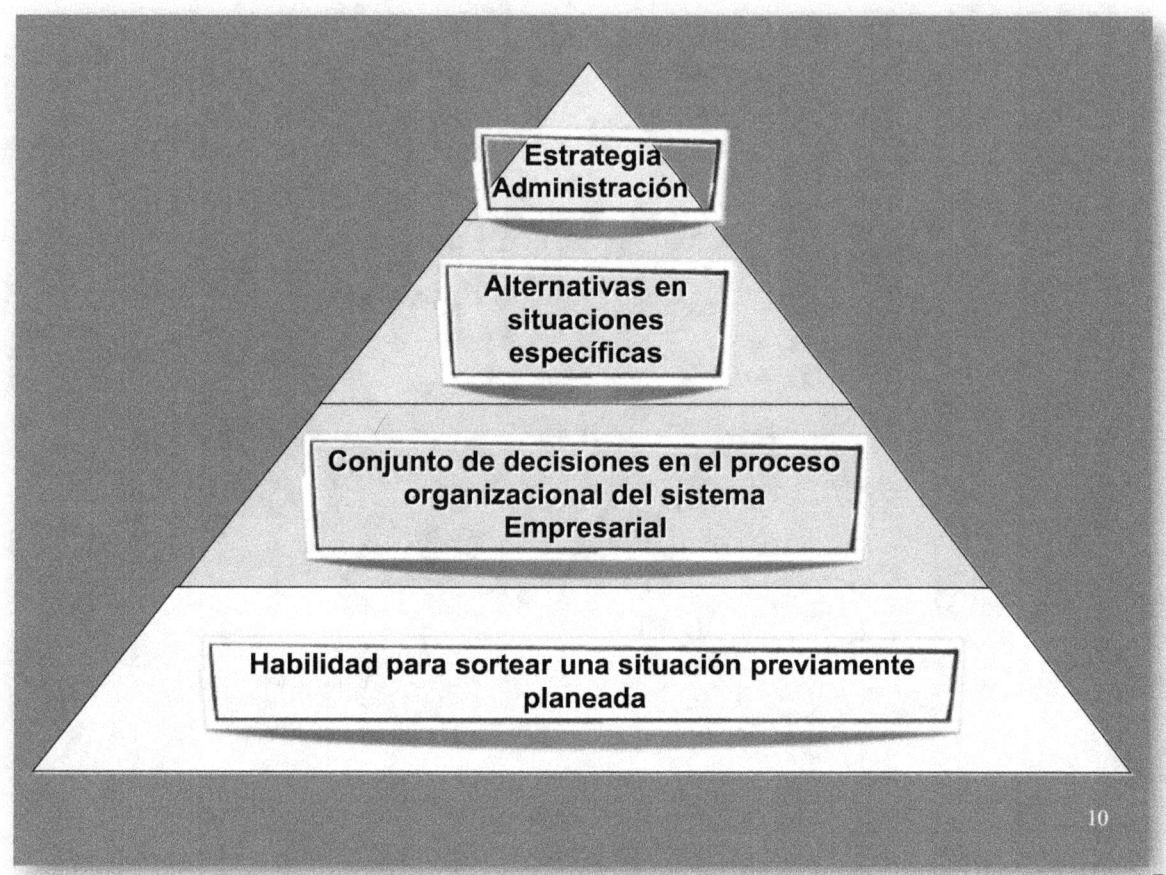

Slide 1

- Visión Estratégica
- **Estrategia Prospectiva**
- Gestión Estratégica
- Gerencia Estratégica

Slide 2

Visión estratégica

- Prospectiva, Idea de futuro en donde y como se desarrolla
- Perspectiva de mediano y largo plazo de la empresa.

Gestión Estratégica

- Proceso general en niveles altos de la organización
- Logro de objetivos
- Formular o trazar actividades para realizar en el mediano o largo plazo, acorde con la misión de la empresa

Gerencia Estratégica

Proceso para manejar la organización en su crecimiento, renovación y desarrollo emprendedor

- Mediante estrategias Prospectivas
- Guía las operaciones de la empresa

CAPITULO 2
GESTION EMPRESARIAL

GESTION ESTRATEGICA
PLAN ESTRATEGICO
PROCESO PROSPECTIVO ADMINISTRATIVO
HERRAMIENTAS DE GESTION

PLANEACION ESTRATEGICA

La planeación estratégica es un conjunto de componentes o actividades que se dedican a la orientación del sistema empresarial, generalmente a largo plazo, esto es normalmente más de un año, acorde a la misión, metas y objetivos de la empresa.

OBJETIVO

Lograr una ventaja competitiva para disminuir el nivel de angustias o riesgos y estar preparados para el cambio.

HERRAMIENTAS DE PLANEACION ESTRATEGICA

FODA → Fortalezas
Oportunidades
Debilidades
Amenazas

MATRIZ FODA

INTERNO A LA EMPRESA / AMBIENTE	FORTALEZAS	DEBILIDADES
OPORTUNIDAD	Estrategias F.O.	Estratégias D.O.
AMENAZAS	Estratégias F.A.	Estratégias D.A.

MATRIZ B.C.G.
(Grupo Consultor de Boston)

PARTICIPACION EN EL MERCADO / CRECIENTE DEMANDA	ALTA	BAJA
ALTO	✡	?
BAJO	🐕	👽

MATRIZ G.E.
(General Electric)

FORTALEZA EMPRESA / ATRACCION DEL MERCADO	FUERTE	MEDIA	DEBIL
ALTO	1. Expandir	2. Innovar en el producto	3. Reestructurar
MEDIO	4. Innovar en el mercado	5. Diversificar	6. Liquidar
BAJO	7. Diversificar	8. Liquidar	9. Liquidar

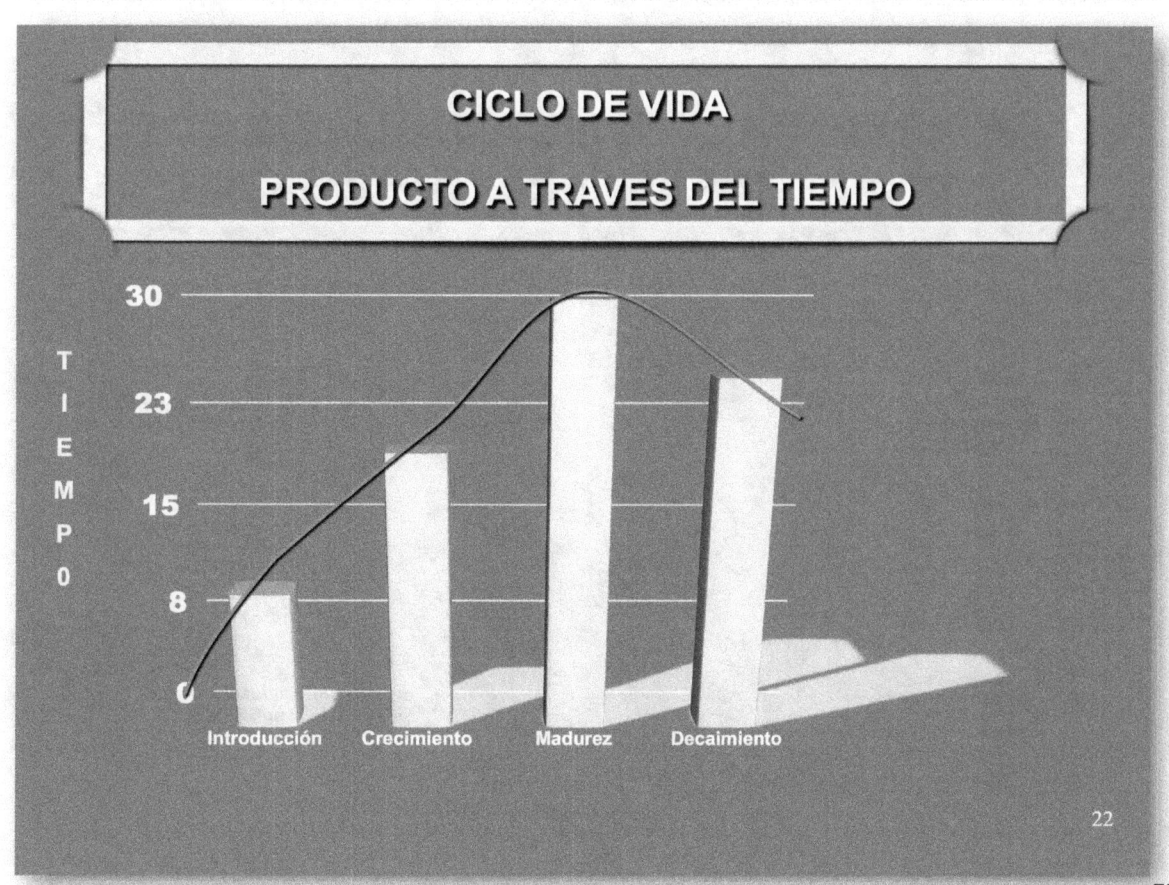

CICLO DE VIDA PRODUCTO A TRAVES DEL TIEMPO

La Gestión Estratégica, opera sobre los recursos, actividades y resultados, junto con el entorno estratégico del sistema empresarial, para transformarlos en logros de productos o servicios, previamente planeados a partir del diagnóstico prospectivo junto con el proceso administrativo, donde la gestión empresarial orienta las ideas a la acción, poniendo la organización empresarial al servicio de la estrategia, con el fin de lograr el futuro deseado previamente planificado con las metas y objetivos del sistema empresarial.

GESTION ESTRATEGICA

IMPLEMENTACION METODOLÓGICA DE LA PLANEACIÓN ESTRATÉGICA

- Revisión de la misión de la compañía.
- Análisis del entorno: amenazas y oportunidades.
- Análisis interior de la compañía: Fortalezas, debilidades.
- Aplicación de otras herramientas de planeación estratégica, para obtener un diagnóstico de la Compañía.
- Diseño de estratégias por segmento.
- Establecer metas.
- Evaluación de la competencia (Fortalezas/Debilidades).
- Factores críticos de éxito: clientes, Estadísticas, Solvencia Económica.
- Plan de acción en control y seguimiento.
- Cronogramas y estratégias para la compañía.

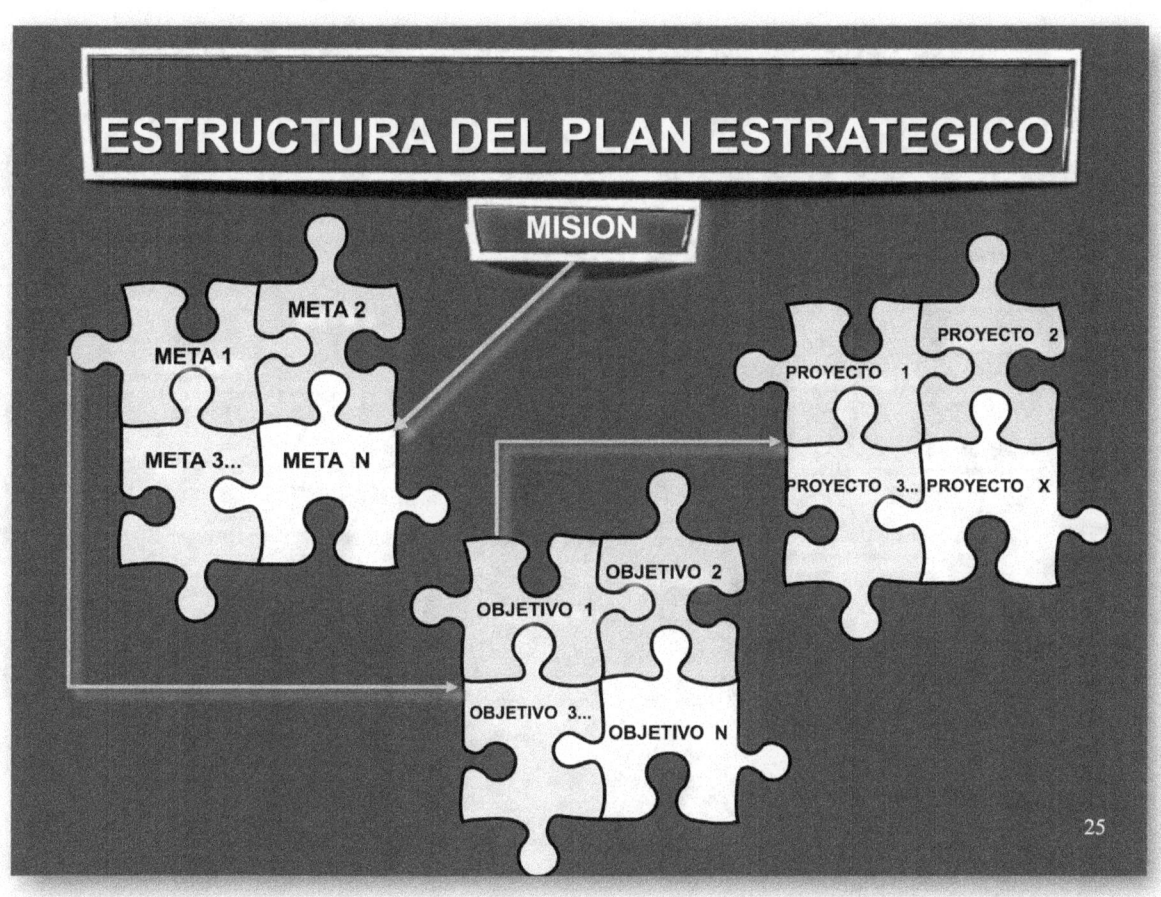

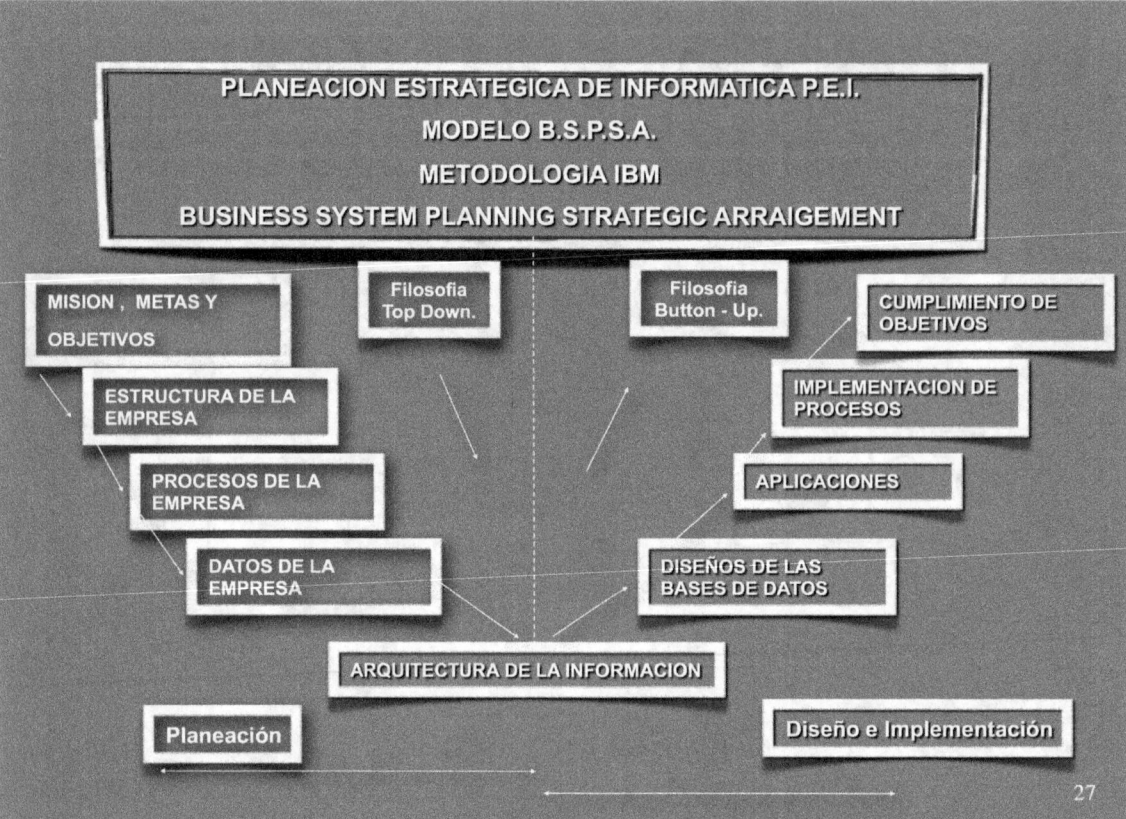

VISION PLAN ESTRATEGICO

- Determinar objetivos y proyectos;
- Asignar los recursos a los proyectos;
- Programar su desarrollo en tiempos y costos;
- Revisar y ajustar proyectos según las necesidades prioritarias;
- Ejecutar y controlar su cumplimiento a lo programado.

MISION DE LA EMPRESA

Satisfacer todas las necesidades del cliente con bienestar socio económico mutuos en la visión de empresa como un sistema integral

META: SISTEMA DE INVENTARIOS	META: SISTEMA DE CARTERA	META: SISTEMA FINANCIERO	META: SISTEMA COMERCIAL O PROSPECTIVO	META: SISTEMA RECURSO HUMANO
Diseñar un sistema de inventarios óptimo a la empresa y el cliente.	Conformar planes de crédito rentables para la empresa y disponer lo necesario para buscar tendencias cero en la cartera vencida.	Conseguir y aplicar los recursos financieros en forma óptima de manera que se disponga a la empresa de una liquidez favorable con altos índices de rentabilidad. Determinar ventas en unidades no económicas, para cubrir costos fijos y generar las utilidades esperadas.	Satisfacer todas las necesidades de los clientes con la comercialización de los productos, en el marco de la ética comercial, la excelencia del servicio y la calidad total.	Integrar el recurso humano óptimo necesario a la gestión empresarial con una dirección y un sistema de control eficaz y eficiente, para cumplir las metas y objetivos del negocio a la luz de la filosofía moral en pro de un hombre justo y feliz.
OBJETIVO Balancear los factores del costo de inventarios para minimizar el costo total del sistema de inventarios con la máxima atención al cliente interno y externo de la empresa.	**OBJETIVO** Velar por el cumplimiento de los recaudos en los plazos y descuentos comerciales, pactados con cada uno de los clientes.	**OBJETIVO** Disponer la liquidez necesaria para garantizar el giro normal del negocio hacia el cumplimiento de sus metas rentables, sostenibles y con riesgos controlados, obteniendo el equilibrio entre riesgo y utilidad de la empresa.	**OBJETIVO** Generar y ejecutar negocios a través de los cuales se vendan o produzcan los productos y/o servicios de la empresa, garantizando su crecimiento rentable con bienestar económico, social y de control ambiental.	**OBJETIVO** Crear un ambiente organizacional armónico, capaz de proveer el desarrollo del potencial humano y fortalecer los valores humanos y éticos, obteniendo en la gestión tendencia de errores cero en las labores encomendadas.
PROYECTO DE VENTAS Programas comercialización ¿Qué se va a vender? ¿Cómo se va a vender? ¿A quién se va a vender? ¿Dónde se va a vender? ¿Cuándo se va a vender?	**PROYECTO RECAUDOS** Programas de crédito Programas de obtención de fondos Programación de pagos Programación de compras	**PROYECTO DE LIQUIDEZ** Programas de liquidez hacia el desarrollo de la empresa, para atender obligaciones del negocio y rentabilidades esperadas.	**PROYECTO MERCADOS ASISTENCIA CLIENTE** Programas de atención al cliente interno y externo de la empresa en función del beneficio social económico.	**PROYECTO DE IMAGEN CORPORATIVO** Programas de participación con las tecnologías de punta y ética hacia la modernización del negocio.

CAPITULO 3
CONTROLES Y AUDITORIA AL SISTEMA EMPRESARIAL

SISTEMA DE CONTROL INTERNO

AUDITORIA DEL SISTEMA EMPRESARIAL

CONTROLES AL SISTEMA EMPRESARIAL

El control al sistema empresarial debe propender por el logro exitoso de las metas y objetivos propuestos en el sistema empresarial, reduciendo los riesgos mediante controles que entren a prever, detectar y corregir los errores.

SISTEMA DE CONTROL INTERNO

- Misión, metas, objetivos, políticas y principios.
- Estructura organizacional con la definición de un organigrama funcional.
- Definir explícitamente un manual de funciones y procedimientos total a la compañía.
- Confirmar un sistema de reportes confiable, oportuno y veraz.
- Tener una planta de personal competente necesaria y suficiente para el giro normal de negocio.
- Realizar un sistema de seguridad total de la empresa.
- Diseñar un sistema de auditoría efectiva con revisoría fiscal a ventas y mercadeo, cartera, finanzas, personal y demás departamentos de la empresa, con auditorías externas e internas a los mismos departamentos.

AUDITORIA DEL SISTEMA EMPRESARIAL

El sistema de auditoría opera como un proceso de investigación hacia el exámen y evaluación de una determinada realidad en procura de emitir una opinión independiente en la óptica de asesorar la alta dirección, para asegurar el éxito de la gestión, diagnósticando un ser y un deber ser en términos de control. La auditoría tiene dimensión preventiva y detectiva, pero no tiene función correctiva.

CLASIFICACION DE LA AUDITORIA

- MODALIDAD DEL NOMBRAMIENTO DEL AUDITOR
- PERIODICIDAD
- ALCANCE DEL TRABAJO

NORMATIVIDAD DE LA AUDITORIA

- NORMAS PERSONALES
- NORMAS PARA PREPARACION DE INFORMES
- NORMAS PARA LA EJECUCION DEL TRABAJO

PARAMETROS DE MEDICION DE LA AUDITORIA OPERACIONAL

EFICIENCIA: Orientada al rendimiento de efectivo sin desperdicio innecesario.

$$\text{Eficiencia} = \frac{\text{Productividad} \times 100}{\text{Estándar de desempeño}} = X\% \qquad \text{Productividad} = \frac{\text{Producción}}{\text{Insumos}}$$

$$\text{Productividad} = \frac{\text{Producción}}{(\text{Materiales} + \text{Mano de Obra directos} + \text{Costos indirectos de fabricación} + \text{materias primas})}$$

EFECTIVIDAD: Orientada al logro de los objetivos o metas programadas.

ECONOMIA: Orientada a la operación en función del costo mínimo, esto es cuando se realiza oportunamente y con el menor esfuerzo posible en términos de costos.

EQUIDAD: Se orienta a la aplicación justa en la medición.

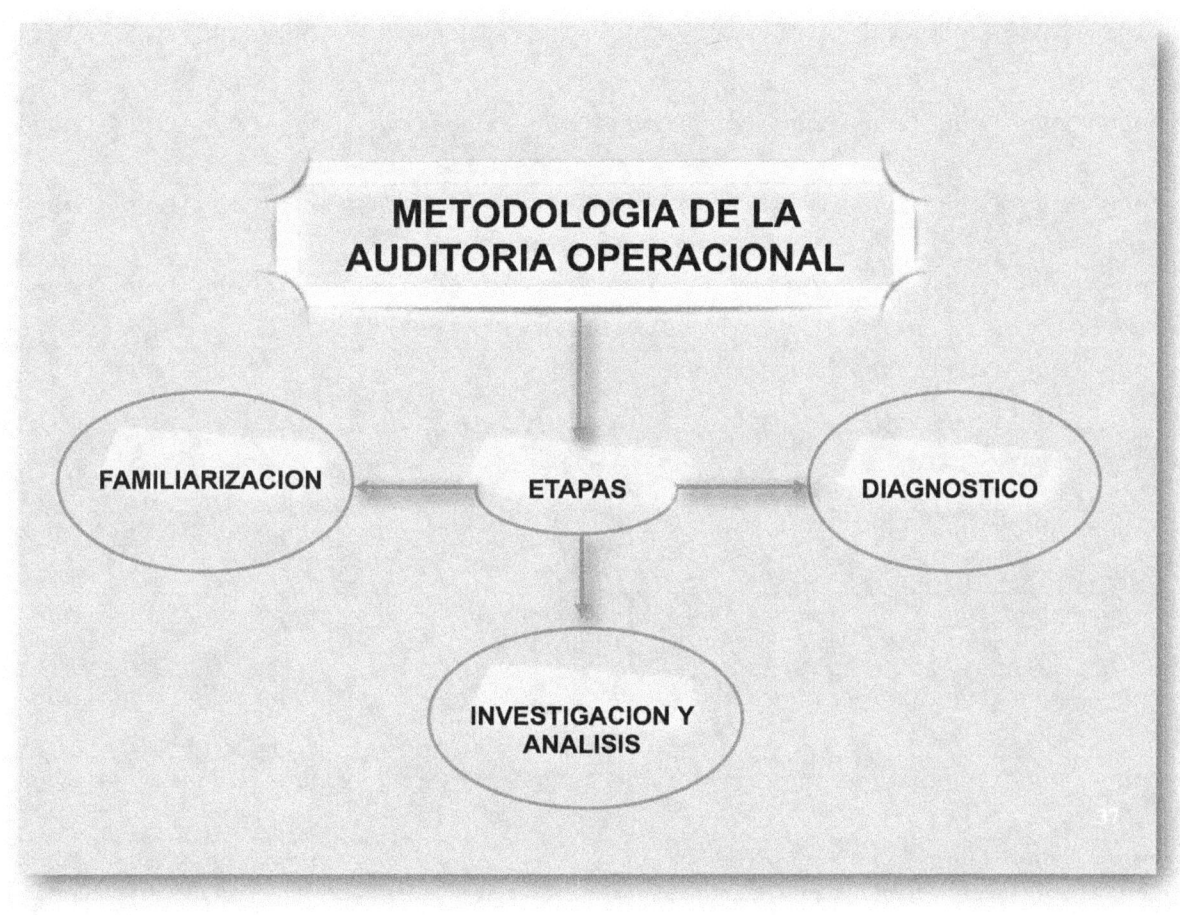

BIBLIOGRAFIA

- AGUDELO, Oscar. ADMINISTRACIÓN PARA TODOS CON UN ENFOQUE DE SISTEMAS. Universidad Libre. Cali, 1992.

- ARIAS Alberto. VIANNEY Juan. SEMINARIO TALLER MEDICIÓN DE LA PRODUCTIVIDAD. CENTRO DE PRODUCTIVIDAD DE BOYACÁ. 2001.

- BERTALANFFY, Ludwig Van. PERSPECTIVAS EN LA TEORÍA GENERAL DE SISTEMAS. Editorial Alianza. 1984.

- CAFAM. ENFOQUES PEDAGÓGICOS, EDUCACIÓN DE ADULTOS. 1998.

- CHAVARRO, Luz Mary. MARTÍNEZ, Carmen E. PROSPECTIVA. UNAD. 2002.

- CENTRO NACIONAL DE PRODUCTIVIDAD COLOMBIA. MEDICION DE LA PRODUCTIVIDAD DEL VALOR AGREGADO. Primera edición. Bogotá, 2003.

- CONSEJO TECNICO DE LA CONTADURIA PÚBLICA, NORMAS DE AUDITORÍA Y DE ÉTICA. Editorial Roesga. 1994.

- CONVENIO INTERINSTITUCIONAL UNAD-CAFAM. ESPECIALIZACIÓN EN PEDAGOGÍA PARA EL DESARROLLO DEL APRENDIZAJE AUTÓNOMO. Bogotá, 1999.

- COPE, Roberto. EL PLAN ESTRATÉGICO. Editorial Legis. 1991.

- DAVIS K, Roscoe; PATRICK G, McKeown. MODELOS CUANTITATIVOS PARA ADMINISTRACIÓN. Editorial Iberoamericana. 1986.

- DE ZUBIRIA, SAMPER, J. TRATADO DE PEDAGOGÍA CONCEPTUAL. Editorial Vega Impresos Publicidad. Colombia, 1997.

- FRED, David. LA GERENCIA ESTRATÉGICA. Editorial Legis. 1988.

- FUENTES, Alix. Tesis: CARACTERIZACIÓN DEL DESARROLLO COMERCIAL DEL SECTOR EL LAGO SOBRE LA CARRERA 15. Universidad de la Salle. 1985.

- FUENTES, Alix. Proyecto de Grado. MODELO PEDAGOGICO PARA APRENDER A APRENDER CON PENSAMIENTO AUTOCRITICO Y CREATIVO EN APRENDIENTES DE AREAS ECONOMICAS SOBRE PROSPECTIVA EMPRESARIAL. UNAD. 2004.

- FUENTES, Alix. Tesis: MODELO DE PLANEACIÓN ESTRATÉGICA APLICADO A LA AUDITORIA INFORMÁTICA. Universidad Nacional-U.P.T.C. 1994.

- FUENTES, Alix. Experiencias académico-gerenciales: SISTEMA INTEGRADO DE INFORMACIÓN PARA TOMA DE DECISIONES GERENCIALES. 2011.

- FUENTES, ALIX; ESTUPIÑAN, Randulfo; TORRES, Blanca; RAMIREZ, Nelly. Trabajo de grado. ""RESIGNIFICACION CUALITATIVA DE LA INVESTIGACION. "GUIA DE APRENDIZAJE EN PROSPECTIVA"". UNAD. 2004.

- GALLAGHER, Charles A; WATSON Hugh J. MÉTODOS CUANTITATIVOS PARA LA TOMA DE DECISIONES EN ADMINISTRACIÓN. Editorial McGraw - Hill. 1990.

- GAMBOA, L. PENSAMIENTO CONTEMPORÁNEO Y EDUCACIÓN A DISTANCIA. 2003.

- GIGET, M. L'IDENTITÉ DE L'ENTREPRISE. PRÉALABLE A LA REFLEXION STRATÉGIQUE, Y ARBRES TECHNOLOGIQUES ET ARBRES DE COMPÉTENCES. FUTURIBLES, No. 13. Noviembre, 1989.

- GODET, Michel. DE LA ANTICIPACIÓN A LA ACCIÓN. MANUAL DE PROSPECTIVA Y ESTRATEGIA. Editorial Alfa Omega. 1999.

- GODET, Michel; BOURSE, François; CHAPUY, Pierre; MENANT, Isabelle. PROBLEMAS Y MÉTODOS DE PROSPECTIVA. Editor Paris, UNESCO. 1991.

- GUÍAS DE APRENDIZAJE AUTÓNOMO "A", "B", "C" y "D". UNAD. 2002.

- I.B.M. BUSINESS SYSTEMS PLANNING. 1984.

- KAST, Fremont. ADMINISTRACIÓN DE LAS ORGANIZACIONES: UN ENFOQUE DE SISTEMAS. Editorial Mc Graw-Hill. 1980.

- MARTÍNEZ, E; MORA, M. CULTURA ORGANIZACIONAL, GUÍA DE BLOQUE 402. 1999.

- NEWMAN, Logan, Sáleme. PLANEACIÓN ESTRATÉGICA Y SUBSISTEMAS DE DIRECCIÓN. 1986.

- NUEVO CODIGO DE COMERCIO. Editorial Unión Ltda. Bogotá, D.C. Colombia, 2006.

- PINILLA, José Dagoberto. AUDITORÍA DE SISTEMAS EN FUNCIONAMIENTO. Editorial Roesga. 1992.

- PINILLA, José Dagoberto. AUDITORÍA INFORMÁTICA. Editorial Presencia Ltda. 1992.

- PINILLA, José Dagoberto. AUDITORÍA INFORMÁTICA. Fondo Nacional Universitario. Bogotá, 1993.

- PINILLA, José Dagoberto. CONTROL DE CALIDAD Y AUDITORÍA AL PROCESO DE DESARROLLO DE SISTEMAS. Universidad Nacional. 1993.

- RIVEROS, Manuel. LOS SISTEMAS DE INFORMACIÓN Y LA ADMINISTRACIÓN. Editorial UNAD. 1998.

- SALLENAVE, Jean Paul. GERENCIA Y PLANEACIÓN ESTRATÉGICA. Editorial Norma. 1985.

- SENN, James A. ANALISIS Y DISEÑO DE SISTEMAS DE INFORMACION. Segunda Edición. Editorial Mc GRAW-HILL. 1992.

- SWIERINGA, J; WIERDSMA, A. LA ORGANIZACIÓN QUE APRENDE. Editorial Addison – Wesley, Iberoamericana S.A. 1995.

- UNAD – CAFAM. ESPECIALIZACIÓN EN PEDAGOGÍA PARA EL DESARROLLO DEL APRENDIZAJE AUTÓNOMO: "TUTORÍA Y DINAMIZACIÓN DEL APRENDIZAJE AUTÓNOMO"; "HERMENÉUTICA Y COMUNICACIÓN"; "TEORÍA DEL ERROR APLICADA AL APRENDIZAJE AUTÓNOMO"; "PAPEL DEL DOCENTE"; "INVESTIGACIÓN APLICADA A LA EVALUACIÓN DE APRENDIZAJES"; "SOCIEDAD, CULTURA Y DESARROLLO HUMANO". 1999.

- UNAD – CAFAM. EXPERIENCIAS DE MEDIACIÓN COGNITIVA. 2002.

- UNAD – COMITÉ DE INVESTIGACIONES. REVISTA DE INVESTIGACIONES. 2002.

- UNAD – FACULTAD DE CIENCIAS SOCIALES, HUMANAS Y EDUCATIVAS. PARÁMETROS FUNDAMENTALES PARA LA CONSTRUCCIÓN DE UN MODELO. 2002.

- UNAD – PROYECTO EDUCATIVO UNIVERSITARIO. 2003.

- UNAD. REVISTA DE INVESTIGACIONES. 2003.

REFLEXION DE LA AUTORA: *"La administración es una función del hombre, subyacente al quehacer diario sin distingos de credo, raza y cultura."*

www.ingramcontent.com/pod-product-compliance
Lightning Source LLC
Chambersburg PA
CBHW080946170526
45158CB00008B/2395